AF583016

FREDERIC BARODY

LE POUSSE PHILOSOPHE

Lexique pour les mots malgaches à la fin du livre .

En fait tout le monde les appelle « pousse » mais ils tirent. Oui, d'antiques carrioles aux couleurs vives rehaussées de lumière tropicale. Ils servent à tout. Gardiens la nuit, jardiniers aux extrémités du jour, livreurs le plus souvent, ramasseurs scolaires deux fois quotidiennement. Ils forment une caste à part. S'ils n'ont pas d'emplois la nuit, ils se regroupent par ville d'origine pour dormir. Ils viennent de loin ces Antaisaka, 1200 kms au Sud-Ouest de l'île de Madagascar. En équipe de dix suivant leur chef ils se louent tout au long de leurs parcours. Une rizière à arranger, un muret à refaire, une lande à défricher. Ainsi au terme de bonds successifs ils vont arriver à Diégo la sulfureuse.

Ville de l'extrême Nord de Madagascar, putain alanguie sous les alizés six mois de l'année, étouffante et pluvieuse le restant, accolée d'un sas de repos pendant les intersaisons. Attirante, énervante, repoussante, charmeuse, suave, elle ne laisse pas indifférent. Morte plusieurs fois, détruite, brûlée, ressuscitée, pillée, renaissante. Les portugais la découvre, ils sont spécialistes du genre au Brésil. Des corsaires français devenus pirates l'érigent en République égalitaire. Les autochtones l'incendient par jalousie. Fin du XIX° siècle la France débarque. C'est du sérieux, Joffre, le seigneur de la Marne l'organise, la crée, la façonne, époque où la France avait une idée de son identité. Elle devient un port dans la deuxième plus vaste baie du Monde après Rio de Janeiro.

Dépression volcanique ou la mer envahie un cratère, une chaire venue d'un autre volcan y projette son basalte tel un promontoire. C'est là qu'elle se construit, sentinelle de l'Océan Indien, l'Australie est à 10 000 kms au-delà des mers.

La légion s'établit 15 kms plus à l'Est à Raména , les marins sont relâchés dans la ville. Une économie se crée, dont les pousses font partie, tel le sang de l'organisme. Ils transportent hommes et matériaux. Courbés, pauvres et humbles ils tractent. La population locale les Antakarana (en Malgache :ceux qui vivent prés des rochers) les ignore , condescendante .

Il est vrai que les Antaisaka sont les esclaves des Bétsiléos autres peuples vivant sur les plateaux sud du Pays. Ces derniers sont souvent maçons ou menuisiers, travailleurs et tenaces, ils se comportent avec humanité envers leurs vassaux. Si un différent a lieu, il se régle dans leurs contrés autour d'un conseil de sage.

Parmi ces humbles il y a Dino. Une jolie bouille, barrée d'un sourire éclatant surligné par deux pommettes sympathiques. Des yeux qui pétillent d'intelligence. Le corps ramassé est celui d'un trapéziste. Ses sauts périlleux font la joie de ses camarades et de son compagnon un lémurien minuscule, toujours juché sur son épaule nommé Kelly kelly. L'homme n'a qu'un dieu : Gerson !

Gerson est un Bétsiléo type, travailleur infatigable, il trouve toujours du temps pour faire du sport. Son métier est l'exercice de la maçonnerie. Ingénieux, autonome, il procède sans matériel européen. Rien n'a de secret pour lui, bassin, maison, monument en pierres sculptées, banc, balcon etc...

Il pratique le rugby. Son corps le lui permet, de taille moyenne avec quatre vingt dix kilogrammes de muscles explosifs. Il ne connait pas la peur et ne se blesse jamais. A ce sport, il joue dans le paquet d'avant à tous les postes. Même si l'adversaire est plus lourd, il ne recule pas. Ses placages sont destructeurs, ses charges percutantes quand la défense dresse un mur, on envoie Gerson en torpille, il désintègre, il dynamite incessamment dans la même action. C'est un démon. Le match terminé, une fleur, un nuage, un songe. La voie est douce, posée, polie comme un marbre antique. Gerson a joué des matchs internationaux et nationaux dans l'élite pour le plus grand bonheur de Dino qui rêve de marcher sur ses pas.

*

Pour l'heure Dino transpire sous un soleil de plomb, sa carriole chargée de parpaings tressaute dans chaque trou de la chaussée et ils sont nombreux. Quelques manguiers, vestiges plantés par la France aux bords des avenues, lui procurent une ombre salutaire.

Le karane (indo-pakistanais) lui a commandé un chargement pour sa maison. La route monte, le bruit caractéristique d'une 4 L brinquebalante, spécialité de Diégo, se fait entendre derrière lui. Il effectue un écart dû à un creux, pas ingrate la voiture collabore dans un grincement fatigué en remerciant d'un furtif coup de klaxon. Dino reconnait la passagère. C'est Lina, une prostituée catégorie supérieure qui possède magasins, maisons, cinq abonnés amoureux raquant consciencieusement chaque mois, plus les clients journaliers accrochés ça et là au Grand Hôtel, le lieu haut de gamme de la ville. Le processus : toujours identique, Lina rode autour avec quelques copines, repèrent les nouveaux touristes ainsi le chaland a l'illusion de la conquête puisqu'elle a un commerce et des employés. Lina est agréable, gentille , alors que la plupart des filles possédant son physique sont plutôt fières et imbuvables . Elle sourit souvent et s'enthousiasme pour rien. Elle travaille fréquemment sur de longues séries. Ce qui lui évite le dancing chaque soir et de vieillir plus vite. Si elle pense un client hésitant à payer elle lui demandera de l'aider prétextant un ennui financier passager. Les allégations ne manquent pas, électricité, fournisseurs, bailleurs à régler, maladies diverses et variées de la famille, la liste est non exhaustive.

De temps en temps elle demande conseil à Jep un expatrié compatissant.

-Ouh ! Samedi je suis ennuyée, mon copain de la Réunion vient mais celui d'Italie aussi. Je ne peux pas les éviter.

- Celui d'Italie , il va à quel hôtel ?

- Au Gd Hôtel.

- Bon, garde la chambre trois jours, prétexte une maladie, envoie des textos au Réunionais que tu n'es pas à Diégo. Tu te trouves en brousse pour ta famille. (Quand une fille fait le coup de la brousse, c'est qu'elle se fait baiser par un autre, se dit Jep)

- Tu crois que ça va marcher.

-Pourquoi pas, par contre le quatrième jour invente un truc pour l'italien et casse toi de Diégo avec le Réunionais.

Ainsi fut fait et les deux clients repartirent heureux, le portefeuille plus léger en s'appliquant à verser tous les mois une pension via un organisme financier américain dont le patronyme des propriétaires doit avoir une consonance moyen orientale.

Cet établissement bancaire est un pilier, cinq milliard d'euros par an perfuse l'île. Le vagin des filles est la première exportation loin devant la vanille et le girofle.

La bourse du sexe jusqu'en 2010, avant d'être détrônée par le net était la boîte du Nouvel

Hôtel, une institution dans tout l'Océan Indien, connue de tous les marins du monde. Tenue par un breton attachant, ex professeur, personnage immuable, la ville semble s'être construite autour de lui.

Dino vient d'arriver, ces filles ce n'est pas son monde bien qu'indirectement il profite de leur manne financière. Il soulève ses charges les muscles à vifs car en sus d'avoir à réaliser le transport , il doit aussi effectuer la livraison à l'intérieur de la demeure. Le Karane lui indique d'un geste le lieu où entreposer la marchandise. Il perçoit mille Ariary pour la course soit trente centimes d'euros. Les Karanes sont plutôt avares mais emploient souvent des Antaisaka qu'ils achètent à douze ans directement aux parents. Ils leurs procurent un semblant d'éducation pour se donner bonne conscience en leur octroyant royalement vingt cinq euros par mois pour douze heures de travail quotidien. Ils prennent aussi des filles façon Cosette qui effectuent ménage, nourriture et aide soignante du mongolien de la famille. En effet les Karanes ne se mélangent pas à la population du cru, ils se marient entre eux et fatalement enfantent une proportion alarmante de tarés. Il y a deux sortes de Karanes, le musulman avec tout ce que cela comporte comme ineptie sociétale et l'hindou plus conciliant.

Le client de Dino est musulman, il parle en arabe. De toute façon la population ne prête pas attention aux pousses. Puisque généralement il ne pratique pas la même langue que les autres. Ce qui n'empêche pas quelques uns, dont Dino fait partie, d'en comprendre la plupart.

Ainsi notre pousse se retrouve être une encyclopédie d'anecdotes policières, croisant ses infos avec ses confrères, il sait tout des meurtres, cambriolages, coucheries et vols quotidiens de cette ville trépidante sous des aspects langoureux.

Il échange ses points de vus avec un vazaha professeur de latin grec à la retraite qui lui enseigne les langues étrangères. Après le rugby, Dino adore la poésie et l'histoire. Comprendre une autre langue est difficile mais percer les secrets de ses poèmes cela s'avère de l'orfèvrerie. Une question le taraude aussi, est ce qu'un des anciens notables français, bâtisseur de sa ville est devenu l'un des hommes le plus riche du monde ?

La grande affaire, Dino se trouve dans la Tana pour la première fois de sa vie. Il était passé dans sa périphérie lors de son voyage pour le Nord. Mais là, il goute à l'ambiance trépidante de la capitale malgache. Antananarivo, littéralement la ville des mille. Il découvre les embouteillages, la cohue inextricable des chariots, pousses, voitures de musée que côtoie le quatre quatre dernier cri. L'ancestral se mêle au high-tech. Sur les conseils de Gerson il a accroché des épingles à nourrice sur ses poches pour parer aux habiles pickpockets. Un peu essoufflé après la montée des immuables escaliers qui meublent l'urbain. La pollution ajoutée à l'altitude de mille trois cent mètres poussent son organisme de campagnard à s'adapter.

Gerson lui rajeunit. Il a passé une bonne partie de sa jeunesse ici et glisse avec un bonheur non feint dans la foule toujours plus dense du marché d'Ananakely qui veut dire petite forêt. Un ensemble abonde, mangues, pommes, pêches, poires, bananes, fruits de la passion, goyaves, ananas. L'île bénéficie de tous les climats et l'intégralité des végétaux comestibles y pousse, même la vigne. La mer se mélange à la montagne, sur les étals les crabes de cocotiers voisinent avec les têtes de porcs, les crevettes avec le zébu. Là une vieille femme vend du cresson, une autre des légumes déjà épluchés, des gosses déambulent des plateaux d'osier remplis de citrons.

- Mille francs arek « ramsé ».

Le gamin utilise encore l'ancien franc malgache, aujourd'hui remplacé par l'Ariary équivalent à cinq fois moins.

Le peuple se presse, la nuit va bientôt tomber d'un coup comme de coutume sous les tropiques, et devenir dangereuse.

Il faut remonter une dernière colline pour arriver à la Fédération de rugby malgache, lieu de leurs hébergements.

*

Ils sont tous là , réunis dans la salle prévue à cet effet.

- Azafady jaby éé !

L'entraîneur Jep, un expatrié, leur jette un regard peu emmène. Il exerce bénévolement et ces arrivées successives hors délais l'irritent fortement.

Il promène un œil sur son assistance, son groupe, ses gladiateurs, il enregistre mentalement le visage des leaders, Gildas l'attaquant racé, Phil l'anglais, Lanto le bagarreur, Giovanni l'hercule indolent, Anthony le cerveau, Manampy le rêveur, Popos l'altruiste qui ne fait jamais de faute tactique, Eddy le président joueur, Bernardin l'homme relais, Bruno le renard.

Il n'a pris ses fonctions d'entraîneur que trois mois avant et se sait un peu court dans la préparation. Il faut parer au plus pressé, jeter les bases sur l'essentiel. Il n'a pas encore trouvé la clé pour fédérer ses joueurs profondément individualistes. C'est un peu le cas des rugbymen de la grande île qui possèdent des qualités naturelles extraordinaires (leurs ancêtres proviennent de Micronésie, Mélanésie, Polynésie, Indonésie, lieu où se fabriquent les meilleurs joueurs de la planète) . Ils abhorrent le collectif, trait typiquement africain.

Ils ont voyagé pendant quarante huit heures entassés dans trois taxi-brousse pour mille deux cent kilomètres. Ereintés par de multiples pannes mécaniques, ils portent encore sur leurs visages les stigmates du transport. Quand on finit un tel parcours l'on garde encore la forme du fauteuil, en se souvenant avec peine de comment l'on se prénomme.

Les deux salles de réunions serviront de dortoir, les plus légers dormant sur les tables, les plus lourds en dessous. Chacun trouve sa place comme il peut, le ciment en guise de matelas, emmêlé comme sur un terrain après une folle action. L'instant d'après la nuit jettera son sommeil sur la horde de braves.

Dino a préparé le café pour le groupe aidé d'un junior du même âge. C'était le contrat, ils viennent mais servent de garçon à tout faire pour leurs aînés. Le riz de midi murmure dans une immense marmite quand il n'y aura plus d'eau et que le fond sera brulé il sera prêt à consommer. Quelques feuilles de plantes appelées brèdes, mitonnées dans un bouillon serviront d'accompagnement.

En rang chacun attend sa pitance en pensant au match dans quelques heures. Selon les caractères, certains commencent leurs angoisses, d'autres ne sont pas encore concernés.

- Allez on y va ! Malaklak !

Dans la chaleur déjà bien installée, les vingt cinq de l'équipe s'ébranlent à pied pour les cinq kilomètres les séparant du stade Malacam . Ancien stade des cheminots malgaches dont les marchands ambulants ont envahi les voix ferrées qui le jouxtent.

Les spectateurs sont déjà sur le site pour assister aux phases finales rassemblant toutes les villes du pays en un grand tournoi. Le manque de moyen financier et l'état des routes ne permettent pas un championnat régulier. Les tananariviens friands de ce sport comptent deux cent soixante clubs dans leur ville. Mais Diégo c'est toujours l'attraction, cité la plus éloignée, la plus riche, métissée, aux joueurs les plus grands, paresseuse et mal aimée, elle joue dans l'adversité.

Le match a commencé pour les joueurs de Jep et tourne à la démonstration. La défense hermétique brise toute velléité et les avants cassent du petit bois. Même Eddy pilier se retrouvant en position d'attaquant se permet le luxe d'une interception et retrouve ses vingt ans pour une percée de trente mètres.

Ensuite il met les warning en attendant le soutien, le cœur à cent quatre vingt dix pulsations minute.

Les journalistes interrogent Jep :

- Comment se débrouille Diégo pour vaincre son isolement rugbystique.

Jep se rapproche d'eux pour couvrir les clameurs du stade.

- Eh bien, des matchs sont programmés quand la marine française nous fait le plaisir d'accoster quelques jours.

Effectivement lorsque le porte-hélicoptères Jeanne-d'Arc vient rendre une visite, la ville est en transe. Le téléphone de brousse fonctionne à plein régime et les filles n'hésitent pas à faire mille quatre cents kilomètres de routes défoncées, arrivées des quatre coins de l'île dans l'espoir de trouver un mari.

Le soir venu, la boîte du Nouvel-Hôtel est en fusion. Ca se bagarre, ça hurle, les demoiselles sur l'estrade, des rivières de bières s'écoulent quelques litres de sang aussi.

On refait le match de l'après-midi, surtout que la Jeanne-d'Arc n'a jamais gagné de mémoire d'autochtones. Le premier quart d'heure avait été équilibré, puis la chaleur fit le reste, ajouté au manque de souffle habituel des marins. Leur capitaine qui ne faisait qu'aboyer après partenaires, adversaires et arbitres, s'est tu d'un coup, suite à un emplâtre retentissant qui lui laissa la bouche en forme de quiche au fromage. Gerson avait fait le boulanger. Mais tout ça est oublié, les filles accostent Jep pour qu'il leur présente des militaires et vice-versa.

A Tana la deuxième mi-temps a commencé quand soudain la foule s'arrête de parler, détourne son attention, un murmure enfle. Intrigué, Jep tourne la tête et la voit apparaître au début de la piste d'athlétisme : vêtue d'une robe jaune ultra-moulante, le décolleté vertigineux et la croupe infernale, elle balance ses hanches avec volupté, prenant toute la largeur du couloir de sprint. Devant la tribune principale, c'est l'émeute verbale, l'ensemble des propositions sexuelles planétaire lui sont déclinées. Un sourire tranquille dessine son visage. Elle a l'habitude et ce déchaînement la flatte au plus haut point. Jep s'éloigne un peu au fond du terrain ne voulant pas être associé au spectacle.

De passage à Tana elle est venue rejoindre ses amis, c'est la plus grande pute de l'océan Indien et elle ne s'en cache pas. Elle collectionne les clients dont six attitrés qui régulièrement lui verse des fonds depuis l'étranger. A Diégo, elle écume les bateaux de pêches aux thons Espagnols, venus faire un massacre écologique des fonds sous marin avec la bénédiction de l'aide financière européenne. Dix espagnols en gang bang ne lui font pas peur.

Après cet intermède et de nombreuses fautes de mains dues à l'attention détournée de quelques joueurs, la rencontre a repris son cour et se termine par un écart de vingt cinq points en faveur du Rugby Club de Diégo.

Les blessés sont nombreux, les causes en sont multiples, altitude, chaleur, matchs toutes les quarante huit heures, ainsi le massage se rend indispensable, les techniques ancestrales venues de l'orient lointain reconstituent les corps meurtris. Tout le monde y va de sa petite ou grande douleur, sauf Gerson et Popos, les deux indestructibles.

Popos et sa tête cabossée telle une vieille marmite, il rit après chaque choc, l'homme du courage et de l'abnégation. Le rude parmi les rudes, le match suivant après avoir reçu un coup de poing, il se tâte la joue. Incongrument l'arbitre lui inflige dix minutes d'exclusion. Popos discipliné, se dirige vers la sortie mais a une autre préoccupation. Il farfouille dans sa bouche et tirant d'un coup sec exhibe fièrement une molaire. Rigolard il la jette dans l'herbe sous les yeux médusés de Jep.

- Ben oui, Coach ! Qu'est ce que tu voulais que j'en fasse, elle peut plus servir maintenant.

Dis comme ça !

*

Pendant ce séjour Ria affole les compteurs, elle a posé un lapin pour son amant afin de rejoindre un sponsor venu d'une île voisine et passer la nuit avec lui.

Il faut dire que les fonctionnaires des pays environnants sont des clients de choix, ayant leurs salaires augmentés de quarante à soixante quinze pour cent selon leurs points d'attaches, ils s'offrent quelques escapades. Ria va retrouver son amant le lendemain en prétextant une gastro-entérite et le tour sera joué.

C'est la finale, Dino a tout vérifier, l'eau, la pharmacie, l'éponge avec Bernardin étudiant en médecine, les maillots, les chaussures etc...

L'équipe s'est parée d'un ensemble neuf, elle pénètre dans le stade sous les encouragements des compatriotes exilés dans la capitale pour leurs professions. La presse a prédit une défaite pour la ville du Nord. Analamanga est l'équipe épouvantail qui plus est, elle a renforcé son effectif avec quelques joueurs d'élite évoluant dans d'autres clubs avec de fausses licences.

Contrairement aux attentes, la mi-temps arrive avec un score en faveur de Diégo face au vent. Malheureusement ce dernier malicieux tourne contrariant une deuxième fois les hommes de Jep.

Les ballons en touche sont rares pour le RCD qui maintenant évolue avec un score en défaveur. Jep enrage de voir ses joueurs ignorer les consignes et de les observer attaquer fleurs aux fusils contre des adversaires plus rapides.

Enfin Gerson relaie son coach et soude les avants et fait défendre les arrières en inversés. Deux points d'écart séparent les deux équipes et un des plus grands assauts du championnat est lancé. Le paquet du un au huit a embrayé le char de combat, la tortue romaine issue de la phalange grecque broie tout, elle hache, bouscule, écrase, massacre. Sparte est en marche.

L'arbitre sous de fallacieux prétextes la stoppe. Quatre fois elle franchira la ligne d'en-but, quatre fois elle marquera, quatre fois elle éclatera un adversaire déboussolé, hagard, misérable, quatre fois l'arbitre refusera l'essai. Gerson perce, percute, provoque ruck sur ruck, il est grand ! Eddy dans un ultime rush rageur essaiera par gourmandise d'aplatir tout seul alors qu'il suffisait d'attendre patiemment derrière son paquet qui avançait. Il est bien entendu refoulé et se fracture le bras. Sur cet incident l'arbitre sifflera la fin du match.

Comment ce dernier pourra regarder ses enfants les jours qui viennent, peut être en photographie. Il y a deux sortes d'arbitres ceux peu nombreux qui épris de justice sont là pour faire régner l'équité et les autres majoritaires, sorte de refoulés psychologiques qui en guise de thérapie ordonnent et punissent par vengeance des gaillards deux fois plus grands qu'eux, gageons qu'en d'autres circonstances ils s'écraseraient, velléitaires, aimant les honneurs, ils peuvent aussi être véreux. Une autre catégorie hors concours celle là, le juste, infaillible et désintéressé, il plane et survole une rencontre, quand ils prennent leur retraite les joueurs leurs font des haies d'honneur, cela sont des seigneurs.

Les acteurs frustrés regagnent les douches, les autres exultent, le terrain est envahi, les militaires matraques à la main font un petit ménage bonhomme. Dans les vestiaires du RCD personne ne refait le match, silence et douleur, blessure et rage, voile d'incompréhension sur le masque de la colère. Jep se fait le serment de revenir, de ré-entrainer une année de plus uniquement par sentiment de vengeance, le pardon n'est pas sa philosophie.

Il a compris, la défaite apprend toujours, les rouages extra-sportifs, les paris clandestins qui se jouent d'après le résultat du match, la haine qu'inspire le peuple du Nord aux gens des plateaux, l'arbitre qui exclu systématiquement le capitaine, la tranquille complicité des instances fédérales qui d'ailleurs ne s'entendaient pas si bien.

Lors d'une réunion houleuse le directeur technique national fut sorti au profit d'une attachée de presse. Cette dernière gironde, qui n'avait jamais du toucher un ballon ovale de sa vie, avait soudoyé le président de la fédération pour se poste. En effet quelque temps plus tard l'équipe nationale devait se rendre en Europe pour la finale de la coupe d'Afrique des nations. Elle profita alors de son déplacement pour rester dans le pays organisateur ; classique !

- Alors Dino ? Demande Jep.

- Oh tu sais, c'est inespéré pour moi, tous ces moments. La foule les journalistes, je suis même passé à la télé, en arrière plan mais je suis passé. Et puis regarde, il suit des yeux la croupe de Ria qui ondule comme seules savent le faire les filles des îles tropicales.

Dino est content, de toute façon il l'est toujours.

*

Un rayon pourpre s'incline sur la forêt pour l'étreindre une dernière fois avant la nuit. Les lacs mystérieux surgis de cratères s'embrument légèrement. Le maki dispute sa pitance à la mangouste. Le boa se coule doucement dans une attente alimentaire. Au loin une cascade résonne de son écume. Les arbres se mettent à parler entre eux, ils gémissent et craquent. Les anciens disent qu'ils ont une âme et qu'ils sont des dieux. L'angoisse empoigne l'homme qui hâte le pas vers son foyer, ce monde ne lui appartient pas, les ombres deviennent vivantes et toutes les légendes ressurgissent. La ville protectrice et ses lumières ne sont plus. Enfouie au fond de sa mémoire d'humain, la peur qui a été la compagne de la nuit depuis la préhistoire, empoigne le cœur de Dino.

Chargé de rondins, il ahane sous l'effort. Venu à la Montagne d'Ambre qui surplombe Diégo, chercher du bois dur pour Bernard. Ce matériau est une espèce particulière qui resserre ses fibres pour se protéger des termites et autres parasites, s'il est coupé en saison sèche.

Pour l'instant Dino serre fort son amulette de bois sacré, son ancienne culture prend le pas sur le cartésianisme des européens. Il se souvient du sage Antaimoro qui l'a éduqué lorsqu'enfant, il jouait dans la savane des hautes plaines.

Cet ensemble de chose lui disait-il se nomme le Vintana. A l'origine détenu par les Vazimbas , premiers habitants aujourd'hui disparus de l'île. Cette para-science tourne autour de l'astrologie. Au sommet de l'échelle, les mpanandro, ils sont encore consultés au début du xx° siècle , à leurs côtés, les mpanitsaka, lecteurs d'avenir. Sur une marche inférieure, les mpisidiky, sorte de devins a égalité avec les ombiasy, docteurs et magiciens utilisant plantes, animaux et incantations pour guérir le malade. Par exemple le guérisseur va emmener la patient uriner sur une fourmilière aux aurores, si les fourmis boivent le liquide sui generis c'est qu'il est sucré donc nous sommes en présence d'un diabétique.

En bas de l'escalier nous trouvons le mpamosavy, le sorcier jeteur de sort avec le mpakapo preneur de cœur et le mpakara preneur de sang.

Les premiers médecins blancs qui pratiquèrent la prise de sang eurent fort à faire avec la population. Les premiers examens s'effectuant au péril de leurs vies.

Le sage de Dino l'Antaimoro tiré ses enseignements de provenance arabe avant Mahomet. Ils avaient débarqués sur l'île avec leurs connaissances astrologiques et donnaient conseil aux rois. D'ailleurs les noms malgaches du zodiaque se rapprochent des noms arabes, adimizani et adalo pour balance et verseau en malgache, el mizan et el dalou en arabe.

Soudain la chute, le trou noir, l'abysse. Un rondin a rebondi sur sa nuque suite à l'écroulement, les autres se sont amoncelés sur le corps de Dino. Plus rien ne bouge, les heures passent et les sangsues couvrent la chair inanimée, elles se gorgent de sang, transformant chaque parcelle de peau en masse sanguinolente.

Le fossa, carnivore de la taille d'un puma, par l'odeur alertée commence des cercles concentriques. Il hume l'air tel le prédateur qu'il est. Il resserre ses tours. Tous ses sens tendus, les lèvres se retroussent, les oreilles se rabattent, les dents apparaissent en un horrible rictus révélant une haleine puante. Les yeux fous et démoniaques, le pelage fauve indiquent le meurtrier. Foudroyant, brutal, il bondit…

*

Bernard espère finir sa terrasse de bois qui lui permettra de pouvoir lire en admirant la mer, le hamac balancé par une palme nonchalante elle-même poussée par l'alizé. La tranquillité immuable des tropiques inspire les songes. L'océan bleu turquoise caresse le vent des mangroves, ourle le Pain de Sucre, adoucit la montagne des français la grandit même dans son opposition. Surprenant, une mer dans les cimes ou l'inverse, combien de navigateurs, forbans, flibustiers, pirates, corsaires, marins y ont mouillé, reposé, battu, guerroyé, vécu. L'odeur de l'histoire pénètre l'esprit, soude les pieds à la terre, emplit la poitrine. La flamme de l'aventure enivre tel un puissant rhum cannelle, à cet instant, le capitaine Misson de Libertalia touche l'épaule du visiteur à travers le souffle de la légende, lui qui voulait une république égalitaire sous les concepts de Rousseau.

Bernard s'ébroue la discussion avec Dino hier au soir lui revient.

- Pourquoi la Nance finance la construction du port.

- Et bien elle le fait pour quinze millions de dollars officiel par le biais d'une entreprise de son pays pour la faire travailler, avec l'impôt des Nançais. Le coût est bien entendu moindre mais tout le monde Smithiste mange, les décideurs locaux qui reversent au moins cinquante pour cent des sommes perçues dans différents paradis fiscaux qui servent à financer la guerre de quelques Etats moyen orientaux voire d'un seul. Ce que l'on appelle l'aide au développement, nom pompeux pour exprimer le détournement de fonds. En revanche certains états sont assez riches pour faire faire la guerre aux autres et envoyer la Nance par procuration se débarrasser de dirigeant de pays avec qui ils sont en désaccord.

Quand tu vois un olibrius, commandité, avec une chemise blanche qui pérore qu'au nom de la démocratie il faut aller faire la guerre dans un pays pour libérer la population. Prépare toi à payer plus d'impôt, creuser tes déficits, reculer l'âge de la retraite puis on va te talquer le cul avec deux petites tapes en te disant c'est la crise, il faut faire des efforts. Au final le pays se retrouve avec des fondamentalistes et bonjour les mains coupées. Le gars à la chemise blanche lui s'est barré depuis longtemps.

- C'est quoi les Smithistes ?

- Les maîtres du monde économique adeptes d'Adam Smith qui était théoricien d'une économie du XIX° siècle dite classique rebaptisée aujourd'hui libérale dont le concept est l'abolition des contraintes commerciales et douanières ils ont sous leurs ordre l'Organisation Mondiale de la Crapulerie qui elle même rassemble des zones économiques puissantes, les petits pays si dans les textes ont le droit de voter en sont de fait déposséder car ils n'ont pas les moyens financier de participer aux réunions ni d'avoir un siège à Genève or les statuts stipulent « consensus implicite » qui veut dire qui s'abstient ou n'est pas présent consent, voilà comment toutes les résolutions du directoire des pays riches trouvent facilement une majorité.

- Ah bon ! Je crois que mon pays ne doit pas être souvent écouté et quel était le métier de cet Adam Smith ?

- Si tu peux trouver quelques documents sur l'économie, je te le dirai plus tard.

- Tu me fais languir pour que je me documente, tu profites de ma curiosité pour me faire absorber des choses annexes.

- C'est un bon procédé et puis ces choses ne sont pas vraiment annexes.

*

Gueule ouverte, les crocs du fossa déchirent l'étoffe dégoulinante de sangsues avec rage, un son rauque sort de sa gorge, le corps arque bouté sur la forme au sol il relance son effort, ses pattes arrières prennent appuies dans la glaise spongieuse...

Soudain un trait, un éclair, le fauve s'écroule, la lance lui a pénétré l'oreille, un billot chute sur sa boîte crânienne lui faisant sortir l'œil de son orbite. Gerson se précipite, arrache l'arme et replante un coup inutile, l'animal est déjà mort. Il dégage son compagnon qui gémit, balbutie des mots incompréhensibles, titube, sa tête bourdonne. Gerson le fait assoir, le nettoie comme il peut et lui enfile son propre tee-shirt. Il n'y a pas de blessure apparente seul, l'hématome au dessus de la nuque précise le choc du rondin. Le maçon rugbyman s'applique à remettre le bois sur le pousse et installe son compère au sommet du tas, puis il tire l'ensemble. Alarmé par le retard de Dino et pressentant une anomalie, il s'est dirigé à sa rencontre. Tressautant pendant une demi-heure, Gerson aborde la route de Joffre-ville, la station climatique érigée par le célèbre maréchal. Le quatre quatre rassurant du menuisier attend son moteur ronronne doucement dans la brousse.

*

Marc le copain de Ria patiente, ils se sont disputés. Inconcevable pour lui car il lui avait offert le repas, il l'avait donc envoyé baladé et ne s'était plus revu de quelques temps. Pourtant elle l'aime bien, son côté décalé et original l'interpelle. Elle lui a fait des confidences sur ses six « sponsors » mais au fond d'elle-même, elle voudrait bien se marier avec lui.

Marc se méfie, il sait bien que les filles d'ici sont obnubilées par le passeport étranger, la carte de crédit et la couverture de santé. Elles passent leurs temps sur internet à mettre des photographies truquées et répondre aux messages par l'intermédiaire d'un djombilaï. Il lui a même désigné lequel des six sponsors elle devrait choisir comme mari.

- Celui là est idéal pour toi, c'est le plus vieux et le plus moche, les autres se rendront compte que tu es une grosse pute.

Pourtant elle préfère un trentenaire, elle doit se rendre chez lui en incorporant une troupe de danseur en tournée, elle bénéficiera d'un visa pour artiste et s'échappera une fois sur place. Seulement l'affaire a mal tournée. L'organisation a pris l'argent et n'a jamais fourni le visa. Or à cet instant Marc se trouve en Suisse pour raison personnelle, alors Ria pleure à chaudes larmes, elle se sent seule au monde et tout s'effondre alentour.

Quelques mois plus tard elle se raccroche aux conseils de Marc et prend le choix du plus vieux, il se nomme Dimitri, moche comme une fesse molle, petit, gentil, naïf, chauve, l'archétype pour la souffrance. Il fait un troisième séjour dans l'île, le premier en vacances avec bobonne et aux vues des opportunités ratées, il s'est séparé de sa femme à son retour. Pour revenir ventre à terre en candidat libre quelques mois après. Accroché par Ria et son postérieur callipyge, l'instinct de possession reprit le dessus. Il n'a qu'un but obsessionnel se marier et ramener la belle.

Ils sont nombreux dans son cas, ils rencontrent leurs femmes à vingt trois ans se marient à vingt cinq, s'endettent, pondent dans la foulée deux moutards, divorcent à quarante huit puis se retrouvent à Madagascar, puceau de cinquante ans face à des mégas-professionnelles, putes de cinq générations, leurs antépénultièmes grand-mères forniquaient déjà avec les légionnaires de Galliéni.

Leurs mères au premier mois de la vie bercent leurs filles en les formatant.

- Tu te marieras avec un vazaha, là,là,là et tu pourras aider tes parents, nan, nan, nan. Tu ne le prendra pas beau o, o, o, pour ne pas tomber amoureuse, ze, ze ,ze, ainsi tu pourras lui demander beaucoup, coup, coup, coup.

Quand le grand jour arrive, ils descendent la rue Colbert, une des principales artères de la ville dans un concert de klaxons assourdissants, le marié faraud et gonflé à l'hélium, la mariée la face calculatrice voilée de l'ironie.

Toutes les autres voitures qui suivent sont des taxis jaunes aux couleurs du mari, remplis de djombilaï baptisés cousins pour l'occasion.

- « Il est comme mon frère on a été élevé ensemble ». La famille qui au début se faisait sponsoriser à la façon d'une équipe de football plus les remplaçants, se retrouve vu le nombre au stade de club omnisport ; quelques amants et aussi d'anciens clients complètent la troupe.

La comptabilité financière est vite faite, habituellement les deux familles se partagent les frais de mariage. Ici point besoin de calcul, tout incombe au mari, maladies vénériennes incluses dans le forfait.

Pour la prostituée déguisée en blanc, la fête sera parfaite si elle peut se faire déboiter par son djombilaï dans la soirée, à l'insu du pingouin, le plus souvent aux toilettes du restaurant. Le cul en bombe mains sur la cuvette, elle vengera ses morts de la colonisation, le sexe de son malgache planté au plus profond de son vagin.

Marc s'était mis d'accord avec Ria insistante pour vivre avec lui en attendant son mariage.

- Bon plus de drague, ni l'un ni l'autre. Quand je t'appelle au téléphone tu me dis où tu es, j'arrive dans les cinq minutes, pas de discussion avec un vazaha. Sinon, nous continuons chacun notre vie en se voyant de temps en temps, d'ac ?

- Je suis d'accord ! De toute façon j'ai arrêté avec mes anciens sponsors, puisque je reçois de l'argent de mon futur mari.

Ria à l'air de tenir parole, pas de tenue légère, une vie rangée quelques temps. Un dimanche la maladie du vestimentaire ultra court la reprend.

- Mais enfin, nous allons à la plage minaude-t-elle.

- Je te promets que si tu me crée un incident, ça va chauffer.

Ils montent sur le quad pour aller faire de l'essence, au premier passage au bord d'une habitation des bruits imitant un baiser savoureux se font entendre le long de la route, au retour idem, parvenus à leur appartement, ils s'aperçoivent qu'ils ont oubliés d'acheter l'eau. Un troisième passage s'effectue, toujours accompagné des vocalises provocatrices au même endroit de la part de trois jeunes désœuvrés, c'est une coutume assez répandue surtout quand une fille est escortée d'un vazaha. Au deuxième retour le bruit énervant est toujours effectué avec zèle, Marc arrête son quad et demande à Ria quel est le jeune qui émet le son moqueur, sans hésiter elle désigne un garçon longiligne. Aussitôt il lui demande de cesser sa petite plaisanterie et retourne démarrer son véhicule quand un des jeunes réémet le timbre lancinant. En une fraction de seconde Marc pivote et la gifle fauche le visage du grand qui sous l'impact tombe au sol. Interloqué il tâte sa bouche regardé par les deux autres médusés, lorsqu'un quatrième compère sort de la maison et harangue ses troupes en prenant un rocher à pleine main qu'il soulève au dessus de sa tête. Le malheureux boite et Marc positionne une main défensive en enjoignant le belligérant à plus de pondération, rien n'y fait la lourde pierre s'abat sur le tibia éclatant les chairs jusqu'à l'os. A cet instant Marc se retrouve enserrer, les deux bras maintenu par une forte pression, d'un coup de pied il repousse le boiteux en se défaisant de son agresseur dorsal par un mouvement du coude en percussion sur le foie, à l'instant où il se tourne pour frapper son adversaire, le boiteux lui reprend les bras et s'accroupi pour éviter les coups. Marc en revanche essuie une rafale pieds poings du premier giflé, il se redégage et sa chaussure part violemment en direction des parties génitales du premier belligérant. Ensuite survient la curé, voisins hommes et femmes confondus lancent des pierres sur le vazaha, quatorze impacts lacèrent le cuir chevelu du blanc, la lapidation cesse quand Ria enfourchant le quad fonce dans le tas en faisant voler quelques corps, Marc en profite pour se jeter sur le giflé et ils roulent deux mètres plus bas dans le fossé, il tente de l'étrangler et de lui crever les yeux avec ses pouces mais doit lâcher prises pour protéger sa tête de la pluie de pierres qui a repris. Ria qui a fait le tour avec le quatre roues le récupère Marc et peuvent repartir. Seulement il a oublié sa casquette et ne veut pas la laisser alors il retourne en disant qu'il ne revient pas pour continuer, un des acteurs retient le boiteux en transe bave aux lèvres. Il est traité de fou pour son courage. L'après-midi se passe à l'hôpital en couture et repositionnement des deux genoux désaxés.

Un soir Marc passe prendre Ria chez elle, le téléphone se fait entendre, Dimitri l'appelle il est parti quelques semaines auparavant, amoureux comme jamais. Il n'avait pas attaché sa ceinture que Ria était chez Marc. Elle était coutumière du fait leurs relations avaient commencées de la sorte. Lors de leur deuxième échange, elle avait ouvert le portillon de la maison de Marc, pour ensuite se ruer dans la salle de bain, arracher le rideau de la douche et lui administrer une fellation forcée.

Il la laisse téléphoner tranquillement. L'appel terminé, la sonnerie retenti à nouveau, Marc entend une autre voix mâle au bout de la ligne.

Il comprend que c'est un deuxième amant, alors il décide de rompre et s'en va doucement prendre sa moto. Il appuie sur le démarreur à l'instant ou Ria fond sur lui s'accrochant au porte-bagages.

- Non, ne me laisse pas.

- Dégage ! Continue de téléphoner à tes amants.

Les badauds s'agglutinent allécher, alors il faut composer.

- Aller Monte.

Ils cheminent deux cent mètres puis stoppent devant une boulangerie, Marc l'apostrophe.

- Tiens prend moi deux baguettes.

Ria rentre dans l'échoppe tandis que Marc démarre au ralenti, il roule vers la liberté, voilà tout est fini, un épisode de vie fort se termine. Arrivée à destination, il cache sa moto, il pense bien que Ria va venir pour voir s'il est chez lui. Il éteint toutes les lumières de l'appartement et va prendre une douche.

Le coup sur la porte le fait sursauter, le bois de palissandre pourtant dur, a craqué et fait naître une lueur en son milieu.

- Rend moi mes affaires.

- Elles sont dehors dans le jardin.

Ria fait le tour ignorant ses vêtements, elle prend son élan puis d'un bond se hisse sur la terrasse du premier étage pour pénétrer à l'intérieur.

- Espèce d'enculé, tu me baises gratuit, maintenant on va aller à la police pour que tu me payes toutes les journées passées avec toi.

Un claquement de fouet, la claque est partie de toute la rotation du corps de Marc.

- Tu me prends pour un trou du cul comme tous les autres, viens on va à la police, alors il faudra qu'ils s'enregistrent eux même comme proxénètes et toi en temps que prostituée.

Folle de rage, Fria se jette sur lui couteau de cuisine à la main. Par une clef, Marc en se taillant parvient à saisir l'arme et d'une balayette l'a déséquilibre, elle chute en se cognant la tête au mur puis elle se glisse dans la salle de bain saisie l'eau de javel afin de lui projeter à la figure, il la pousse au sol la bouteille tombe à ses côtés. Maintenant Fria est par terre coincée entre la cuvette des WC et le bidet, il va lui mettre un coup de talon dans la figure mais se ravise à temps se rendant compte qu'il peut l'à tuer.

- Va t en d'ici, lui lance t il.

- Non ne met pas dehors c'est la honte devant ma famille.

Il réfléchit quelques secondes.

- D'accord mais tu dors par terre au pied du lit. Marc referme sa porte à clef puis la dissimule, la Miss pourrait encore avoir envie d'objets tranchants.

Quelques temps après, Ria fit ses valises mais elle possédait de la ressource, un jeune militaire qui l'a « sponsorisée » régulièrement, avait planifié une semaine de vacances avec elle depuis trois mois. Elle le manipula pour l'emmener à Nosy-bé parce qu'elle savait y apercevoir Marc. Pendant que le militaire dormait elle s'échappait, croisait son ancien amant mais tous les deux s'ignoraient. Sa nature reprenait le dessus, elle se faisait baiser régulièrement dans les toilettes des bars. Puis vient l'heure de la trêve avec Marc, de retour sur Diégo ils ressortirent ensemble, entre-temps elle se maria avec Dimitri. Marc après une petite période de vie commune s'envola vers d'autres cieux, Fria en attente de visa pendant cinq mois se fit plusieurs orgies et gang-band avec la moitié de Diégo. Le jour de son départ en Nance, elle avait donné un rendez-vous au militaire à Nosy-bé lui faisant croire à un mariage. Ce dernier follement amoureux avait envoyé les fonds pour qu'elle puisse acheter sa robe de mariée, payer les frais de cérémonies, plus la restauration de deux cents couverts.

- Allo chéri, je suis à Nosy-bé, tu es où ?

- Ben , je suis à Tana.

- Quoi tu me donnes rendez-vous à Nosy-bé et tu es à Tana, c'est quoi cette histoire.

- Voilà je me suis mariée avec quelqu'un que j'ai rencontré la semaine dernière. Alors qu'elle connaissait Dimitri depuis un an et était mariée depuis cent cinquante jours.

Le militaire se met à hurler dans le village d'Ambatoloaka possédé par un monstre intérieur, la douleur le submerge, la terre s'ouvre sous ses pieds, il tape sur toutes les parois et objets à porté de ses poings. Plusieurs personnes sur place le maîtrise, de la bave sort de ses lèvres, le sol monte à lui, il convulsionne. Un médecin alerté, accourt et lui administre un sédatif par injection. Inanimé quelques badauds compatissant le porte dans sa chambre d'hôtel d'autres un peu moins le déleste de sa montre, du téléphone portable et autres images en papier de la Banque nationale malgache.

Plus tard Marc apprendra que le moniteur d'auto-école l'a «trombinée » ainsi qu'un vazaha qui lui donné rendez-vous chez une copine mariée à un expatrié. Quelques mois après il rencontrera le militaire, naïf mais simple et sympathique pour lui apprendre que le vazaha qui l'a baisée chez un autre et qui se croyait malin avait fini sa vie à un croisement, son scooter renversé par un quatre quatre, la tête éclatée et la cervelle dévorée par les chiens.

Ria a fini par obtenir ce qu'elle cherchait c'est-à-dire la double nationalité, la couverture sociale, des allocations et une carte de crédit, certains idiots utiles qualifient ces énergumènes de chance pour le pays d'accueil.

*

Dino se remet doucement, il profite de son Dimanche pour aller voir combattre Richard Darafify au Moraingy . Le colosse de deux mètres vingt et cent quarante cinq kilos s'entraîne chaque matin dans une salle de gym non loin de la rue Colbert. Jep est stupéfié par sa force de frappe. Le sac de sable vole, franchit l'horizontale pour toucher le plafond. La manille qui suspend l'ensemble se tord fréquemment. Le gérant bougon se voir dans l'obligation d'effectuer son remplacement encore et encore.

Jep relance Richard régulièrement pour des combats en Europe mais il n'en a cure. Il écume toutes les rencontres de l'île, seulement les candidats aux massacres se font de plus en plus rares.

Ainsi les organisateurs lui proposent deux adversaires simultanés puis trois, or les résultats sont toujours identiques. Richard désintègre ses opposants. Les paris ne se font plus sur l'issue du combat mais sur sa durée. Il prolonge le match selon son bon plaisir lorsqu'il en a assez de supporter le soleil et de respirer la poussière du lieu il met un terme à la rencontre en distribuant quelques gifles, déboite une épaule par ci, vrille un genou par là. Les billets tombent, il gagne des voitures, des télés, des ordinateurs, les filles l'assaillent inlassablement. Il est inoxydable, surhumain, ses interlocuteurs dialoguent toujours sous son ombre, sympathique, débonnaire possédant un rire franc.

Au cours d'un repas où son légendaire appétit d'ogre suscite la stupéfaction voire l'admiration des bilieux, sa tête bourdonne, les visages face à lui se tordent. Quel est cette étrange sensation, cette impression de détenir un serpent dans son ventre. Il s'allonge, une mauvais sueur s'écoule sur sa peau, il a envie de vomir mais il ne peut pas, un étau lui enserre les tempes. Il veut parler mais une mousse verdâtre lui sort des lèvres. Son cœur bat la chamade, puis s'arrête pour repartir. L'angoisse cette inconnue vient se présenter à lui. Il a froid, est pourtant le soleil tropical carbonise les tôles, fond le minéral, mord la peau. Son corps se convulse, sa main droite agrippe la terre, sa terre « tany », qu'il n'a jamais voulu quitter pour des millions, même pour la gloire.

Dino désemparé se met en quête d'un ombiasy une des légendes de la ville est au sol, ça ne peut pas disparaître une légende alors il court, saute et interpelle le voisinage. Quelques chiens faméliques lui jettent un regard torve en se poussant paresseusement. Une vendeuse de plantes médicinales l'envoie deux rues plus loin chez un guérisseur, il perd un temps précieux dans les ruelles encombrées de détritus, de bric à brac en bois, de métaux rouillés. Une petite fille dans une robe toute blanche et des tresses multicolores lui sourit timidement en mangeant une sucette rose, sûrement un cadeau du dimanche. Quand enfin il débouche devant l'entrée tant convoitée. Une vieille femme, à qui il manque la moitié des dents de devant, lui répond en féfeyant que l'homme de soins est parti chez un patient dans un quartier lointain et qu'il va revenir tout à l'heure. Expression qui ici veut dire dans un grand moment mais que l'on ne sait pas quand.

Richard jette un dernier regard à ses copains, son sac, ses gants, son esprit vagabonde, ses yeux se fixent vers l'infini en attente de quelque chose, son corps se raidit, il meurt là comme un animal. La rumeur enfle court les villes et les campagnes, la forêt et les marais. Richard est mort empoisonné. Pourquoi ? Des adversaires rancuniers, des parieurs désabusés, une fille par vengeance qui sait ! La grande île projette encore un mystère voilé de noir.

Maintenant quand le varatraz cet alizé venu de l'est violente son souffle et soulève la terre en poussière pour arrêter les combats de Moraingy. La foule grave murmure, c'est Richard, il rappelle qu'il était le plus grand.

*

Bernard a fini sa terrasse, un bouquin dans les doigts et la pipe à la bouche. Il explique quelques vers d'Hugo à Dino relatifs à son exil à Jersey puis Guernesey après l'intervention de la reine d'Angleterre.

A propos lance le pousse.

- Tu as vu ? La route après Ambajy est finie, ils ont quand même réussi à voler un million de litres de gaz-oil depuis le début des travaux.

- Ca se rapproche du vol de Tuléar, répond Bernard toujours le nez dans sa lecture.

- Ah bon ?

- Oui la compagnie d'extraction d'Ilménite stockait du fuel dans de méga-citernes à moitié enfouies. Seulement, chaque matin à la vérification des niveaux. Il manqué quelques milliers de litres. Alors ils ont changé de gardien puis de société peine perdue. Ils ont pris une entreprise de surveillance d'Afrique du Sud remplies d'Afrikaners. Le résultat était toujours le même.

Bernard déplace son fauteuil à cause d'un malicieux rayon de soleil dans son œil et poursuit.

- Ils ont posé des détecteurs infrarouges et dépensé une fortune dans des projecteurs halogène. C'était pire, aucune fuite apparente au sol, or cela ne semblait pas perdu pour tout le monde car aucune station service de la ville n'arriver à vendre son gasoil. Un jour un employé de la société tombe en panne avec sa voiture personnelle et demande à un taxi s'il connait quelqu'un qui peut le dépanner.

-« Pas de problème, tu vas à proximité du réservoir de la compagnie d'extraction et cent mètres à son Ouest se trouve une case, tu vois avec le gars qui est là ».

- Bernard se sert un verre d'eau filtrée et remplit celui de Dino puis reprend. Intrigué notre employé se dirige vers l'endroit indiqué. Arrivé à destination il aperçoit, par la porte de la case entrouverte, une pompe en bonne et du forme. Il fait son plein, paye le vendeur puis alerte l'usine. Aussitôt ils entreprennent de creuser sous la cuve pour découvrir le pot aux roses. Ils avaient réussi à souder, aux risques de leurs vies et d'une terrifiante explosion, un tuyau qui sortait cent mètres plus loin à la pompe de la cahute.

- Eh bien tu vois qu'à Madagascar conclu Dino on maîtrise la technologie.

- Ah tu parles, c'est comme pour la route de Manakara l'entreprise de bâtiment et travaux publics commandé par Cyril leur directeur. Il avait entreposé vingt quatre tonnes de ciment dans un hangar fermé à clef le lundi. Il est parti en inspection jusqu'au mercredi. Et à son retour, hop là, plus de ciment, envolé, disparu.

- Ben ouais, on nous traite de fainéant répond Dino en riant, cela prouve que l'on a un bon rendement horaire. Mais dis moi ces Paéllos qui font partie des pays de zone économique du nord qui viennent pêcher des milliers de tonnes de thons alors qu'il paient que pour un forfait de quelques centaines, utilisant des filets de dix kilomètres précédé d'un rouleau pour concasser le corail. Qui rejettent des tonnes de thons parce qu'ils ne sont pas calibrés et d'autres espèces de poisson qui ne pourront survivre leurs vessies natatoires étant éclatées. Ils ont laminés le littoral Ouest Africain. Pour se donner bonne conscience, il distribue cinq cent kilos de poissons, impropres à la conserverie à la population autochtone. En plus ils touchent des subventions de la zone économique nord, Dino met ses mains entre parenthèses « qui les empruntent à d'autres pays et qui creusent votre déficit » pour toutes ces marchandises avariées. C'est comme un voleur qui te redonnerait tes bibelots dérobés dans ta maison et qui emporterait le coffre. En sus quand ils sont là, la ville est plongée dans le noir à cause des délestages d'électricité, leurs bateaux consomment tout le courant.

- Mais en temps que pays souverain vous devriez imposer vingt malgaches par bateaux, charge aux Paéllos de les former, réplique

Bernard. Comme ça il pourrait rendre compte du tonnage réellement pêché.

- Tu me dis ça, c'est une solution c'est vrai mais vous est ce que vous avez pu les empêcher de piller vos côtes.

Embarrassé, Bernard se gratte la tête.

-Euh, non ! Vois tu nous sommes un pays qui a perdu sa testostérone depuis bien longtemps et a transféré son autorité à un polit bureau Smithiste siégeant dans une autre ville. En revanche, tu ne dois pas confondre deux choses le vol et la revendication. Si tu ne veux pas que ces personnes ou sociétés exercent dans ton pays, tu peux protester voire les empêcher physiquement avec d'autres partenaires mais le vol décrédibilise ta revendication.

*

Il se fait tard et Dino va rejoindre son groupe de compagnon non loin du commissariat. Un véhicule tout terrain l'éclabousse. Il peste contre ces nouvelles verrues des temps modernes, Madagascar est passé de la 403 au 4x4 en deux ans, ce qui était une rareté devient la norme. Pour la plupart ils ne servent qu'en ville leurs chauffeurs n'ayant jamais conduit sur une piste, encore moins en dehors et en seraient bien incapable. Ils affectionnent particulièrement les gros modèles, plus le véhicule est grand plus la bite est petite pense Dino.

Alerté par les bruits qui justement sortent de l'automobile devant un commissariat, il pose son pousse et observe.

Une fille s'éjecte et interpelle un policier en faction, elle explique en malgache que le conducteur vazaha lui a déchiré son ticheurte puis l'a violée. L'agent après un salut réglementaire demande au vazaha incrédule de s'extirper de sa voiture, de lui remettre ses papiers et de le suivre. Sans trop comprendre ce qu'il lui arrive, l'homme s'exécute traverse la route à la façon d'un automate, marche dans la cour aux pavés disjoints, sur sa gauche un fonctionnaire somnole. L'atrium poussiéreux comporte des affiches fatiguées qui invite à la prudence sur les routes, il ya du travail pense-t-il pour lui-même.

- Asseyez-vous là ! Claque l'ordre.

Un banc de bois craquant se glisse sous son postérieur. La fille s'est enfermée dans le bureau de l'inspecteur, rien d'audible ne filtre, juste quelques mots dont il ignore le sens. La tête relevé, son regard balaie la pièce aux couleurs décrépies pour s'arrêter sur une araignée aux dimensions tropicales qui tissent sa toile patiemment, il fait le point sur sa journée écoulée. Arrivée ce matin pour la première fois à Madagascar, il a retrouvé Dédé, un vieil ami à lui avec qui il pratiquait quelques sports de plein air. Ce dernier généreux lui a prêté un véhicule, puis fait découvrir la ville, ce soir ils ont mangés dans une gargote pour se retrouver ensuite dans la boîte du Nouvel Hôtel. Les filles, pareilles à des lucioles aimantées par l'éclairage, se sont précipitées sur lui. Toujours les mêmes questions internationales des putes. Es-tu marié ? Pour voir la disponibilité et l'opportunité à saisir. A quel hôtel es tu ? Afin de tester le pouvoir d'achat du client. Est-ce que c'est la première fois que tu viens à Madagascar ? Pour savoir si tu es nouveau et mieux te pigeonner.

Effectivement notre touriste ayant coché les bonnes cases, une fille l'a tamponné, sans se douter pauvre de lui qu'une femme seule au bar passé minuit est soit une prostitué soit une éthylique, elle lui avait tenu un discours rodé.

- Quel âge as-tu ?

- Cinquante cinq.

- Ouah, mais tu ne fais vraiment pas ton âge, réponse classique au client même muni d'un déambulateur et un pied dans la tombe.

Un raclement de semelles, le policier s'encadre dans l'embrasure de ce qui devait être une porte.

- Monsieur, s'il vous plait, veuillez me suivre.

- Bien, répond l'interpellé en prenant une chaise fatiguée.

-Voilà votre affaire est très, très grave. Cette jeune fille prétend que vous l'avez agressée afin d'avoir des rapports sexuels.

Interloqué par l'accusation et la non demande des questions préalables, nom, prénom etc... L'homme s'insurge :

- Mais c'est une plaisanterie, cette fille rencontrée au Nouvel Hôtel ne m'a plus lâché et insisté pour que je rentre à ma chambre avec elle. Je lui ai dit que je venais d'arriver et étais très fatigué par le voyage. Alors elle m'a demandé de la raccompagner chez elle en me disant que sa maison était sur son chemin. Ce que j'ai fait de bonne grâce.

Il déglutit en s'éventant à l'aide d'une chemise en papier, l'air est rendu irrespirable par la chaleur poisseuse. Le policier d'un geste l'invite à poursuivre.

-Arrivé devant le commissariat, elle m'a indiqué que sa maison était tout près et que je pouvais m'arrêter puis brusquement elle s'est jeté la tête sur le pare-brise en s'arrachant son tee-shirt. Si j'avais violé cette fille, je ne l'aurais quand même pas fait devant un commissariat.

- Oui mais c'est très ennuyeux, vous ne pouvez pas prouver cette version. Je vais devoir vous incarcérer.

Sous le choc des mots, l'homme sent son corps se dérober, il se contient pour formuler une demande.

- Me permettez-vous de téléphoner ?

- Accordé !

- Allo ! Dédé, je suis dans une histoire impossible ! Voilà ce qui m'arrive ... Euh, tu peux venir ? D'accord, je t'attends.

Le policier reprend le visage fermé.

- Bien, nous allons attendre votre ami et en attendant je vais devoir vous passer les menottes.

Notre touriste ne sait plus à quel saint se vouer, lui qui n'a jamais eu une seule contravention de sa vie, pas même un parcmètre oublié. Trente années qu'il paie impôts et taxes sans retard. Il découvre une vie qu'il lui était impossible d'imaginer. Il savait que cela existé à travers l'écran de son téléviseur mais ne l'avait jamais vécu et ne songeait aucunement l'expérimenter. Il est seul à l'étranger dans un pays qu'il ne connait pas éloigné par dix mille kilomètres de chez lui. Pour ajouter au contexte ses intestins commencent à lui rappeler leurs existences. Le manque de sommeil et la fatigue du voyage noient sa perception. De quoi demain sera fait, le monde de certitudes qu'il s'était construit vacille dangereusement, peu de gens sont capables de s'adapter aux situations brusques. Les prisons Malgaches n'ont pas bonne réputation, les détenus vont pisser enchaînés et la nourriture est infecte. Il s'en veut d'être venu, d'avoir effectué toutes les démarches et payer un billet d'avion onéreux.

- Ah ! Bienvenu à Mada !!

Dédé est arrivé, la bouille fendue d'un large sourire. Il lui raconte l'histoire en lui jurant qu'il n'a rien fait.

- Et oui je te crois et tout le monde le sait.

Le visage de l'interpellé s'allonge. Dédé poursuit.

- C'est une arnaque coutumière, les versions varient selon l'imagination de la fille. Bon paye et tu vas sortir.

- Payez quoi ?

- Ben le flic et la fille, pardi.

- Ah, merde alors !

- Si tu ne payes pas, tu ne seras pas dehors avant la saint glinglin et il les mecs en taule ils ne vont pas mettre de capotes pour toi. Alors file trente mille Ariary à la fille et c'est bon.

Le touriste s'exécute après un marchandage avec le policier, l'argent disparait à une vitesse stupéfiante dans un pays ou pourtant les choses vont lentement et le menottes s'évaporent dans la seconde qui suit. Trois respirations plus loin Dédé et lui sont dehors.

Tout est calme un petit bruissement de courant d'air tiède chuchote dans un cocotier endormi. Comment la douceur ici peut elle être si fielleuse. Dino s'en va.

*

Après une nuit réparatrice il va effectuer une livraison non loin du kiosque à musique au bas de la rue Colbert. Ballotant aussi bien que mal, son pousse passe devant les ruines de l'hôtel de la marine, le toit est parti depuis belle lurette et les hôtes ne sont que des palmiers poussés au centre de l'entrée, l'architecture mauresque aux vastes dimensions témoigne d'un passé fastueux, ainsi que le personnage qui l'avait édifié, Alphonse Mortages. Cet aventurier né en 1866 dans le village de Néfiac à proximité de Perpignan étreint les bancs son école de manière turbulente, se retrouvant en pension chez les curés, il ne tarda pas à trouver les cloisons trop étroites, il se mêla alors à quelques élèves externes pour regagner le domicile familial. Sa mère fort contrariée subissait quotidiennement les conseils de ses voisines pour lui attribuer un futur métier. Or le gamin tenace n'avait qu'une idée en tête devenir marin. Son frère capitaine au long cours était mort de la fièvre jaune en plein océan atlantique entre Rio de Janeiro et les Açores. A son retour Alphonse devait partir avec lui, embauché comme mousse pour l'occasion.

La mère se rendit donc au bureau de la marine situé à Saint Laurent de la Salanque pour l'héritage, le responsable lui ayant remis les quelques effets personnels de son fils aîné. Le gosse aperçut grandeur nature le trafic maritime de l'époque, les navires se chargeaient de barriques contenant cent trente quatre livres de vins à destination de Marseille, d'autres arrivées d'Espagne remplit de moût de raisin pour la fabrication de fameux byrhh.

Les formalités d'héritage terminées, sa mère et lui décidèrent d'aller faire un tour à Port-Vendres, arrivés sur les quais les jambes d'Alphonse fourmillaient et sautaient toutes seules, des bricks, des goélettes, des ketchs et de majestueux trois mats dodelinant de leurs pavois colorés, l'attirèrent comme une comète par l'apesanteur. Il trotte en tête des pas de sa génitrice et la pousse à visiter un superbe voilier. La rencontre avec le capitaine fut chaleureuse, pensez une mère portant le deuil de son fils commandant de navire et son cadet passionné de bateaux.

La discussion s'installe entre les deux adultes quand Alphonse sur la pointe des pieds s'esquive avec douceur pour grimper prestement sur les cordages. Mais identique aux chats trop gourmands montés trop haut dans les branches, il a toutes les peines du monde à redescendre, le capitaine homme de la mer au regard d'une semblable couleur sur un cuir tanné par le sel, le regarde compatissant.

- Achourit d'un pampe « dégourdi de la lune ». Il fera un bon marin, il détient l'engouement.

Alphonse d'un dernier regard embrasse les quais, zigzague entre les tas de filets mauves aux odeurs d'iode, des porteurs épaulent des caisses, d'autres poussent des futailles, certains s'invectivent tout un monde coloré s'anime portant des fragances d'autres terres au de là des mers. Ses yeux impriment cette fabuleuse journée qui en vaut plusieurs.

C'est le retour au village et à l'école des curés, les cantiques succèdent aux avé-maria pendant que sa mère le presse de question au sujet de son futur métier. Invariablement Alphonse répond : - Je veux être marin ; de guerre lasse et après un certain temps la brave femme accède à ses désirs. Elle détenait quelques relations dans le milieu de la marine et quelques jours plus tard les voilà de retour à Saint Laurent de la Salanque. Le lendemain il embarque comme mousse en second à destination de Marseille sans oublier un terrible mal de mer.

Phocée l'accueille, deux mille six cents ans d'histoire déroule jusqu'à lui, le choc, les forts majestueux qui barrent l'entrée du port, les voiliers par centaines, un peuple charmeur, chaleureux, bigarré, hâbleur. Il reste trois semaines le temps de remplir son bateau et le pli est pris, se succèdent les trajets pour l'Espagne, l'Algérie, le Mexique, Cuba, les USA, la Chine, puis dans la marine de guerre Nouméa, Nouvelles Hébrides, Australie, Diégo-Garcia, Canal de Suez pour retourner sur Brest, il reste quelques années en Inde à Bombay en particulier et débarque à Diégo-Suarez le 15 avril 1897. Il se fait hôtelier et profite d'un coup de pouce du destin. La guerre que se livre Anglais et Boers en Afrique du Sud prête à penser au gouvernement français qu'en cas de défaite, les anglais se replieraient sur Madagascar or depuis Fachoda ces derniers n'étaient pas nos amis et Big Ben donnait l'heure au monde.

La France dépêche un énergique colonel natif de Rivesaltes : nommé Joffre. En deux ans et demi il érige un camp retranché, neuf mille militaires mettent pied à terre, légion étrangère, infanterie de marine, supplétifs de l'empire Français, Chinois, Africains du nord, Sénégalais.

Le fameux colonel s'occupa de l'urbanisme et créa le centre historique d'aujourd'hui et la station climatique qui porte toujours son nom.

Deuxième coup de pouce du destin la guerre Russo-Japonaise, une flotte russe mouille à Nosy-bé et Mortages avisé monte un magasin de marchandises générales plus un débit de boisson face au port, la réputation des russes n'étant plus à faire dans le domaine des liquides alcoolisés, l'ingénieux catalan fit rapidement fortune. Pourtant l'état-major Russe rappela son unité et Alphonse décida de rapatrier le reste de ses marchandises sur Diégo-Suarez. Malheureusement le bateau qui effectua le transport toucha un rocher et finit par le fond. La cargaison non assurée, Mortages du payer le remboursement à son créancier ce qu'il lui fit perdre tout ce qu'il avait amassé depuis.

Il cherche alors une idée qui lui permettrait de redémarrer, un coup du sort va en faire un des hommes les plus riches du monde.

*

Dino décharge sa caisse non loin du tribunal, il reconnait l'épouse d'un vazaha qui est emmenée par la police. Il se rapproche du gardien pour lui demander l'objet de la situation, l'arrestation d'une femme étant très rare, elle bénéficie d'une mansuétude judiciaire imbécile étant toujours naturellement considérée dans le camp des victimes.

Cette prévenue dénommé Sonia avait commandité l'assassinat de son mari, ayant acquit une double nationalité après quelques années de vie commune, elle avait trouvé un prétexte pour rentrer à Madagascar quinze jours avant son époux et programmé son retour le jour de l'arrivée de ce dernier sur le sol malgache.

Pour une raison inconnue elle ne peut partir le jour dit, pendant ce temps une fille que le vazaha connaissait lui dévoile le complot. Interloqué, il alerte les autorités compétentes dans la foulée qui arrête la suspecte ipso facto. Elle nie mordicus les faits puis finit par avouer. Elle devait se retrouver à l'étranger lors du meurtre et récupérer un héritage conséquent comprenant immeuble plus assurance vie. Par la suite, elle se serait marié avec son djombilaï complice qui lui aussi aurait bénéficié de la nationalité étrangère quelques années plus tard. Ils se fréquentaient déjà avant qu'elle ne connaisse son mari vazaha et se faisait discrète sur ses noirs desseins. Cinq ans qu'elle attendait patiemment son heure, un lustre qu'elle préméditait son assassinat avec son amant, cinq années à mentir, à dire je t'aime et faire semblant de jouir, une demi décennie que son mari la croyait comme ils les croient toutes, remplis de Fanafody qu'ils sont.

*

Dino a fait un crochet par l'hôpital militaire pour s'assurer d'une complète guérison de sa blessure. Il est accueilli avec chaleur par l'adjudant Tsara Kelly compétent et sympathique. Ce dernier le rassure quant à son état de santé car Dino doit se rendre dans sa région natale pour une cérémonie mortuaire.

Le long trajet serpente à ses débuts sur les contreforts de l'Ankarne, peuplés de grottes et de rivières souterraines, entrelacs de pointes calcaires acérées appelées tsingy, de défilés, de cirques barrés par des murailles de pierres. C'est en ces lieux que les Antsakarana cachés leurs bétails pendant les innombrables guerres avec l'ethnie dominante des Mérina. Paradis des oiseaux, des papillons et de rieurs lémuriens, ils en existent de tout petit haut comme une mangue. Espiègles, ils savent se faire dorloter et attendre le souffle d'un humain en saison chaude pour leur créer une ventilation assistée, alors ils se logent sur le dos dans le creux d'une paume, tire une langue rose en ouvrant leur bouche, le poil ébouriffé, comblé par tant de confort.

Le taxi brousse au couchant surplombe la grande plaine d'avant Ambilobe paysage puissant de l'Afrique. Une rizière s'épanche en courbes vertes jusqu'à l'infini, tachetée d'arbres à savane, ça et là des bouquets de palmier royaux à troncs rouges se disputent l'espace avec des faisceaux de bambous. Toujours présent l'emblème de Madagascar, l'arbre du voyageur, dénommé ainsi par la multitude de ses branches serrées retenant l'eau de pluie, il abreuvera le randonneur imprévoyant. La robe bleu marine du ciel s'affale brusquement et le véhicule poursuit sa route malmenant des passagers résignés.

Un bruit lourd et continu réveille Dino, le taxi est arrêté sur le bas côté avant un pont métallique, le jeune malgache s'étire, des fourmis dans les jambes et des contusions dans le dos, ses pas l'emmènent sur les bords du fleuve Betsiboka. Spectacle de force, fureur de l'onde, tumulte de roches écumantes, l'eau brunit sur sa gauche, s'émulsionne en mousse neigeuse plus à droite, force le granit arrondi, une cascade succède à une chute qui elle même saute dans un précipice, pour recommencer plus loin insatiable. Où finit cette rage qui jamais ne se calme, le regard ne peut le dire.

Le klaxon brise l'hébétude, Dino qui pensait admirer depuis quelques secondes, vient de passer vingt minutes, fasciné, longtemps en franchissant le pont son esprit garde en lui les profonds remous hystériques du fleuve.

Harassant ce voyage dans la nuit il a fallu pousser le taxi embourbé après Port Berger puis franchir en canöé la rivière à Mampikony, ré-arrimer les bagages sur un autre mini-bus.

Bientôt il pourra prendre un café à Maevatanana pour tromper son sommeil, son corps demande à s'assoupir mais la route et les secousses l'en empêche. La bouche aride, la peau pourtant grasse du visage tire comme si elle allait se fendre de sécheresse, les vêtements collent, la promiscuité des passagers reconnaissables à leurs odeurs, l'harasse, tout confère au mal être.

La pause a été courte pour rattraper le temps perdu, à cause de la panne, une durite de gasoil était fendue. Le chauffeur n'ayant pas trouvé les raisons, il a fallu rouler lentement pendant quelques kilomètres. Finalement le diagnostic établit, le tuyau du lave glace à avantageusement fait l'affaire. Pour l'heure la route s'élève en lacets interminables, aucune source, aucun arbre, point de village, uniquement d'immenses glacis couverts d'herbes à savane soufflée par le vent. Virage après virage l'on quitte l'Afrique pour aborder les hauts plateaux de la partie Asiatique, le manque de repos fait prendre à Dino les poteaux pour des personnes, ils pensent se diriger droit devant lui alors qu'au dernier moment le chauffeur tourne, son corps suit à contretemps et le calvaire continue. Enfin la montée s'estompe, l'herbe verdit, les premières maisons d'argile rouge aux toits de chaumes apparaissent, quelques humbles échines courbées s'affairent dans les champs. Quel contraste avec les vallées plus en aval aux maisons branlantes et aux majorités de personnes avachies passant leurs vies à attendre.

La route accélère, les arbres plus nombreux passent à grande vitesse, déjà Tana s'annonce, encore un transbordement, Dino dans la léthargie choie de son siège trop raide. Un fin crachin a fait son apparition, de petites gouttelettes perlent sur la vitre pour grossir et s'envoler en larmes, les sapins bleutés parfument l'espace de leurs branches apaisantes. Le corps se détend, cette région aux marches d'Antsirabé est un contraste, la Suisse sous les tropiques remarque un voisin de Dino. Ainsi les Français ne s'étaient pas trompés en faisant d'Antsirabé une ville de cure surnommée la Vichy malgache, d'ailleurs elle ressemble à une sous préfecture du massif central tout droit sortie des années cinquante avec ses belles demeures, ses grandes avenues exempte de circulation. De grands arbres jalonnent les voies, les jacarandas festonnent autour de la

cathédrale façonnée de pierres volcaniques, la région associe lacs, cratères et volcans éteints, qu'il doit faire bon se lever au petit matin dans ses paysages songent Dino. Le combi roule toujours plus vers le Sud, à nouveau les virages, une végétation plus sèche composée de pins et d'eucalyptus, rien de bien enthousiasmant jusqu'à Fianarantsoa capitale des Bétsiléo. Le jeune pousse va gouter à un repos bien mérité car il veut faire l'ascension du pic Boby dans le massif de l'Andringitra. Un cousin l'accueille avec effusion demandant des nouvelles de l'un et de l'autre, à Madagascar il ya toujours un cousin quelque part.

*

Après la perte de sa marchandise lors du naufrage, notre catalan se décidait à parcourir la brousse en quête de la liane Pisaky, végétal caoutchoutier, l'Indochine n'avait pas encore de plantation d'hévéas et l'industrie automobile naissante en occident en avait d'énorme besoin. Ayant formé une équipe de vingt Antaimoro il se propulsa à soixante kilomètres ou quatre vingt dix de Diégo. Les indigènes confectionnaient des boules qui étaient revendues sur place puis acheminées sur la capitale du Nord mais le bénéfice était presque nul. Alphonse se dit qu'il ne perdait rien s'il rajoutait à son équipe deux Mérina prospecteur d'or, quatre mois se passent et pas l'ombre d'un gramme ne vient se déposer aux fonds des écuelles. Le cinquième mois Mortages qui se trouvait à Diégo pour négocier un lot de caoutchouc se fit aborder par un indigène qui l'informa que deux de ses hommes avaient trouvé de l'or du côté d'Ambabirano mais qu'ils étaient maintenus séquestrés dans un petit village de bambous par deux européens. Il se hâta de réunir ses affaires et quitta la ville pour se rendre dans les environs. Arriver sur place dans un délai relativement bref, il se met en quête d'un filazana qui est une chaise à porteur locale pour se diriger vers le petit hameau, cinq jours de voyage lui sont nécessaires au travers de mauvais sentiers entrecoupés de lianes, buissons et arbustes. Une heure de filazana succède à une heure de marche, d'après la topologie du terrain rien ne lui indique la présence d'or, pas de galet, pas de torrent ni rocher. Les habitants du cru le prennent pour un fou quand ils l'aperçoivent avec ses hommes qui sortent les jambes ensanglantées après avoir fait de multiples et vains prélèvements. Parti avec un peu de précipitation, il avait omis de se munir de bâtée pourtant cette dernière est indispensable pour la prospection mais Mortages éternel optimiste se disait qu'il en trouverait bien une sur place.

*

Dino trouve la force de s'asperger d'eau froide dans la cour de son cousin puis s'affale sur un lit branlant pour plonger dans un sommeil qui ressemble à un coma.

L'odeur du romazava l'arrache à Morphée, midi, il s'est couché hier soir à dix neuf heures l'esprit lavé du cauchemardesque voyage, ses idées s'assemblent. Aurélien un gentil voisin guide officiel lui prête un sac de montagne et quelques effets pour son ascension prévue demain, tout en mâchonnant son poulet accompagné de brède mafana, il écoute les recommandations affairant à la randonnée. Il faut choisir entre deux options soit ils établissent un camp de base après une heure de marche soit ils exécutent la course d'une seule traite en poids allégé. La décision est rapidement établie, ce sera d'un unique jet.

Il parte tôt, très tôt, la nuit est encore noire, les pinceaux lumineux de la grinçante 404 percent péniblement l'opacité des lieux, promptement la lune se découvre, masquée qu'elle était par un épais cumulus, le ciel maintenant étoilé permet de distinguer un relief aux formes tourmentées. Le craquement du frein à main éveille les passagers car un cours d'eau endigue le terminus du parcours carrossable. Sans un mot ils se mettent en ordre de marche et croisent un couple de paysans vagabonds qui louent leurs services ça et là dans des fermes, vêtus de hardes, un sourire édenté illumine leurs visages, les trois compères offrent à ces humbles un peu de sucre et une boîte de sardines. L'homme l'ouvre aussitôt, sa femme, sous les regards éberlués des trois coureurs de pistes, recueille l'huile pour ses cheveux, pauvres gens, miséreux parmi la misère, ils remercient avec forces et courbettes.

L'air vif fouette le souffle des marcheurs complètement réveillés, c'est le moment idéal, l'organisme s'échauffe mais la fatigue ne l'a pas encore rejoint, quant au ciel sa brulure solaire n'est point à son apogée. Ils s'hydratent régulièrement et parviennent à un plateau surplombant une cascade laissant à leur gauche un campement de touristes blaireaux appartenant à la formule « tout compris ». Ces derniers la tête ébouriffée sortent de leurs tentes comme d'un terrier, les scrutent de leurs regards ébahis. Stupeur, eux qui pensaient un peu être des aventuriers à l'image de ce qui était inscrit sur la brochure de voyage, voilà que des autochtones passent en trombe devant eux aux aurores.

L'escalade est facile, un ou des inconnus pétris d'abnégation ont décidés d'ériger un escalier en pierre jusqu'à 2600 mètres. Un truc à rentrer au Guiness pense Dino transpirant car à l'instant le soleil à sorti son glaive rougeoyant et le plonge dans l'échine des marcheurs. Essoufflés ils s'accordent une halte à l'ombre d'un bloc granitique qui a conservé la fraîcheur nocturne. Kelly kelly danse une sarabande endiablée autour des oreilles de Dino, il doit sentir à cette minute qu'il est le plus haut lémurien du monde. Agacé, Dino l'enferme dans la poche latérale de son sac à dos lui laissant dépasser la tête qu'il tourne en tous sens, comme montée sur roulement à billes en poussant de petits cris aigües.

Les derniers blocs sont franchis avec amusement et rassemblés ils peuvent contempler le panorama qui se déploie à leurs pieds, la terre telle qu'elle devait être à l'ère primaire, entrelacs de veines grises, boursouflures granitiques du permafrost, aucune végétation sur cette minéralité issue de la genèse, vestige oublié du Gondwana lorsque l'Inde s'en est allée percuter l'Asie.

Il faut s'arracher au méditatif, l'insolation guette, la pente dévale sous leurs pieds, entrecoupée de pause eau et bananes sèches. Kelly kelly s'est remis sur le haut du sac, se tenant aux sangles, le vent dans les poils il se prend pour un jockey. Les buissons apparaissent puis les boqueteaux, les futaies ensuite le chemin s'incline fortement, la terre souple sous leurs pas amorti les chocs. La Namoky les voie jeter leurs vêtements imbibés de sueur pour se laver dans son onde.

La piste caillouteuse chuinte sous les pneus de la 404, parsemée d'enfants rieurs et de gamines aux tresses redressées par leurs sautillements. Ce soir ils feront halte à Ambalavao, capitale du papier Antaimoro et de la soie sauvage. Le papier est fabriqué à partir de l'avoha sorte de murier où ses fibres écrasées et mouillées sont mises à sécher dans un drap de coton, des femmes patientes disposent des pétales de fleurs en forme de dessins donnant à l'ensemble une harmonie apaisante.

La fabrique fait aussi hôtel, Jep qui avait déjà effectué l'excursion avec Marc les accueille autour d'un verre. Il remonte de Morombé en quad, son périple par la côte a été ardu jusqu'à Tuléar, pistes sableuses, camions surchargés, surpris par la nuit il s'est égaré demandant son chemin dans des villages reculés, où une population apeurée cachée ses enfants. Les hommes lui barraient le passage lance à la main. Les vazahas ont, affirme ici la réputation, d'avoir la faculté de manger le cerveau des enfants. Entre les pannes motrices et d'essence il a pu se remettre sur la bonne route.

Il raconte au côté de Toussaint , l'ami qui l'avait escorté.

- Au détour d'un un virage, je positionne mon quad en travers, il est là dans le pinceau de mes phares, je croyais que c'était une légende, la peau grise griffée par les buissons, interloqué. Nous sommes restés de longues minutes à nous observer, craintif et apeuré je l'avais dérangé dans sa chasse nocturne. J'esquisse un lent geste de mains paumes ouvertes vers lui dans ce que je pense être un code de non agressivité universel.

Dino de poursuivre.

- Tu as de la chance peu de gens les rencontrent, ce sont des Mikey, ethnie sauvage qui ont fuit la civilisation. Ils vivent sur des territoires où personne ne se rend car il n'y a pas d'eau.

- Mais comment font-ils.

- Ils creusent le sol à la recherche de tubercules gorgées d'eau à la texture identique à celle des pastèques. Le liquide étant filtré naturellement se retrouve riche en sels minéraux.

- Cela m'ennuie d'avoir perturbé son gibier, il avait une fronde à la main.

- Pas sur, la lumière plus le bruit du quad a du chasser des animaux ainsi il a peut être fait mouche auparavant et là il n'effectuer la traversée de la piste pour les récupérer.

- Si c'est de la sorte tant mieux, en revanche l'incommunication était frustrante.

Les bruits du crépuscule aux abords de l'hôtel leurs parviennent, grincements de chariots aux roues pleines tirés par des zébus, paysans angavy sur l'épaule rentrant des rizières étagées, piquetées d'hameaux aux toits en paille de riz. Plus loin sur l'asphalte d'autres erres tirent d'immenses luges de rondins, frôlées par d'impérieux quatre quatre aux conducteurs pleins de morgues... Escrocs ayant réussis.

Avant de s'endormir Dino pense à l'histoire de Mortages.

*

En traversant un village désert, ses habitants travaillaient dans les rizières, un des hommes d'Alphonse franchit le seuil d'une case et aperçu deux plats en bois de formes arrondies où adhérer quelques grains de riz. Mécontent du geste de son employé, d'autres hommes de l'équipe interviennent pour l'assurer de l'adaptabilité en bâté des deux instruments. Il plaça quand même deux pièces sur un mobilier de la demeure pour soulager sa conscience. Lorsqu'ils croisèrent le propriétaire des plats à la sortie du village, celui-ci tomba des nues, il le fit alors escorter par un équipier jusqu'à sa case pour lui prouver l'acte d'achat. Le villageois s'accommoda fort bien du prix de la vente car jamais il ne pensait pouvoir tirer une telle somme de ces deux ustensiles. Pris par une inspiration, Alphonse demanda au chef du village si un autre hameau ne portait pas le même nom aux alentours, il lui répondit qu'effectivement un village cinquante kilomètres plus à l'Est détenait une dénomination identique.

Vérifiant sur la carte avec un grand soin, il trouve effectivement l'agglomération recherchée. Le convoi repart dans la direction indiquée par le sage chef pour s'arrêter à midi, la chaleur devenant insoutenable. Une collation prise et un repos de deux heures sont nécessaires pour récupérer. La troupe s'est remise en marche quand au sommet d'une butte ils aperçoivent aux bouts de leurs regards, noyés dans la poussière quelques toits de tôles. Alphonse est accueilli au village par un lieutenant heureux de cette visite qui lui permet d'échanger quelques nouvelles. Le gradé est informé de la séquestration des deux hommes de Mortages et il lui offre l'hospitalité pendant deux nuits. Ainsi la troupe met à profit cet intermède pour laver et repriser l'ensemble des vêtements plus quelques chaussures martyrisées par le traitement qui leurs est dévolu.

La formation lève les amarres le surlendemain. Ils marchent jusqu'au crépuscule pour poser leurs sacs dans le hameau des kidnappeurs, les deux lascars chantent à pleins poumons de joie et de provocation pendant toute la soirée et une partie de la nuit. Mortages qui a fait approcher les deux prisonniers par un de ses hommes apprend la confirmation de présence d'or dans les parages.

Il se met à traverser le village quand les deux compères le bloquent et le braquent avec leurs armes.

- Halte là, les terrains nous appartiennent, nous en avons fait la déclaration à Nosy-bé. Si tu continues on te troue.

Les canons des fusils renvoient la lumière du soleil, leurs trous noirs dirigés vers la face du catalan. Les visages des deux forbans sont fixes, leurs yeux cauchemardesques, Alphonse dont une sueur aigre commence à couler dans le dos, voit leurs index se crisper sur la queue de détente son cerveau à une milliseconde de l'éternité.

*

Dino doit continuer son périple, il lui faut relier la côte Est en prenant un train antique, la ligne a été construite au début du xx° siècle à l'aide d'ouvriers chinois, les conditions étaient si dures qu'une fois les travaux finis, ils ont demandé leurs rapatriements dans leur province natale cantonaise alors comptoir Français avec Shanghai. Quelques uns sont demeurés sur place abandonnant, leurs pousse pousses aux aïeux de Dino, pour faire fortune dans le négoce du vin, de la vanille, du girofle et d'autres matières.

Ainsi la locomotive attend fumante, on l'a pressent éventrée, fatiguée avant de partir. La veille dame née en mil neuf cents va encore tirer quelques centaines de voyageurs entassés dans des wagons d'un autre âge. Ce train est une bénédiction économique pour la région, le cordon ombilical qui achemine le courrier, les médicaments, les denrées, ils emportent aux passages diverses productions régionales, on peut entrevoir une vendeuse d'écrevisses faisant un bout de voyage jusqu'à épuisement de son stock, elle sautera au premier arrêt, son cabas vide attendant dans une modeste case le retour du lendemain pour effectuer le même manège. Au départ les classes sont respectées, il en est point de même au fil des kilomètres où les banquettes se raccourcissent sous la pression d'impérieux postérieurs de plus en plus nombreux. Le voyage majestueux au début fait place à la monotonie en deuxième partie mais Dino s'amuse toujours de voir le train couper la piste d'aviation à son arrivée à Manakara. Ici un autre cousin l'attend, il ; pourra passer la nuit en donnant des nouvelles aux diverses connaissances, à l'aurore il s'enfoncera dans la sylve sauvage et piégeuse du royaume des Antaisaka ;

- Aîe !

La douleur est fulgurante, le jeune pousse viens de poser son pied sur un scolopendre, le mal s'il n'est pas mortel est terrible, obligeant certain vazaha à reprendre l'avion en évacuation sanitaire. Dino s'allonge, une goutte de sueur perle de ses cheveux crépus et fait cligner son œil, il avait pris soin d'absorber quotidiennement l'antidote composé tout simplement de l'insecte macéré dans du rhum. La plaie pensée et nettoyée il poursuit son chemin accompagné des inévitables sangsues qui ensanglantent ses pieds, la marche est pénible dans la touffeur de la jungle, les poumons ingèrent un air rempli d'eau, la bouche identique à celle d'un noyé quémandant l'oxygène salvateur. En revanche Kelly Kelly semble à son aise juché sur le cou de son maître il abhorre l'air du parvenu revenant dans sa province au volant d'une voiture dernier cri. La progression alterne avec la barque du canal des Pangalanes conçut par le Maréchal Galliéni pour protéger le trafic de marchandises des déferlantes de l'océan indien. Seulement aujourd'hui les parties navigables sont de portions plus courtes en revanche le soleil s'élargit et se teinte d'orange, les oiseaux endormis par la chaleur des heures précédentes s'éveillent en cris perçants se chamaillant l'insecte. Les sens en alertes, Dino sent qu'il arrive bientôt chez lui, il faudra accomplir encore une bonne heure de marche en direction de l'Ouest.

Tous les visages familiers lui apparaissent et le pressent de questions, ils veulent tout savoir, comment est la ville, la forme des avions, les bateaux aux départs. La plupart étant encore jeunes n'ont jamais vu de voiture, il leur explique le cinéma, l'internet mais ne peut les convaincre c'est trop abstrait. Assis en carré, une ramatoa sert le riz agrémenté de poissons séchés sur des feuilles de bananiers découpées en carrés disjoints, le poisson est dessalé au préalable puis frit agrémenté de sakaï et de mangue verte hachée. Les femmes enceintes raffolent de ce fruit râpé, car vert il est très acide et prévient les nausées surtout si l'on ajoute du gingembre, le plus puissant anti-vomitif du monde bien moins onéreux que les médicaments chimiques.

Le feu crépite doucement éclairant les faces aux yeux curieux, en arrière plan les cases en latanier construitent sur pilotis, brinquebalantes et biscornues, mauvais copier coller de la lointaine Asie ainsi que les rizières jamais bien rectilignes aux contours flous, dont le riz en est toujours très complet c'est-à-dire avec les pierres. Un ananas succulent est partagé, tranche de miel ensoleillé qui poisse aux mains que l'on essuie discrètement au lamba. Pourtant la possession va commencer un ancien s'enquiert de demander aux défunts ancêtres de bien vouloir accéder à leurs vœux pour la protection dans leurs actes de la vie courante. Les fady sont nombreux, chaque ethnie possède les siens propres, dans une tribu on pourra voir des jumeaux nouveaux nés jetés au sol devant un parc à zébu ouvert, s'ils ne sont pas piétinés évitant la mort ils deviendront de grands mpanitsakas. Ces pratiques sont rares auparavant elle relevait du tanguin (ordalie), dans la région de Fort Dauphin le suspect d'un crime était invité à franchir un rocher de plan incliné battu par les flots, s'il dérapait, il était immédiatement « sagayé », la mise à mort était fréquente car tenir en équilibre sur ce brisant relevait de l'impossible. D'autres devaient traverser une rivière infestée de crocodiles du Nil, les plus gros, s'ils n'étaient pas dévorés c'est qu'ils étaient innocents. Au temps de Ranavalona la sanglante, le tanguin était courant, le condamné devait boire une potion de plantes et ingérer trois lanières de peau de poulets, si elles n'étaient pas vomis dans leurs totalités, le suspect était abattu sur le champ. En revanche la restitution de trois parties voyait le condamné gracié et congratulé par la foule, ses amis lui portaient des présents. Certains malins mangeaient auparavant ou payaient le sorcier mais gare si le subterfuge était découvert, la mort devenait immédiate. Les chrétiens étaient eux projeter d'une falaise en contrebas du palais royal, la reine disait que si dieu existait il les sauverait or tous s'écrasaient. Plusieurs autres fady sont moins violent, à l'image de l'absorption d'eau mélangée à la terre tombale d'ancêtres défunts où de l'or a trempé, si le candidat vomit c'est qu'il ment. Les cuisinières sont souvent confrontées à de véritables casse-têtes, il ne faut pas manger tels animaux à tels endroits où tels jours, faire cuire les pâtes de poulets avec le reste de l'animal sous peine de pauvreté, le riz ne doit pas être cuit à l'étouffé hors du feu, on ne peut pas mélanger certains ingrédients. Dés son plus jeune âge l'enfant est soumis à de nombreux tabous, le lamba doit lui recouvrir le visage s'il est trop beau, par peur d'agacer les esprits. La première coupe de cheveux commence par une mèche sur un côté puis trois de l'autre, par la suite la coupe s'exerce normalement. Dans d'autres régions on l'empêchera de se baigner dans quelques lacs ou rivières, de se promener dans certains endroits. Les adultes ont finis par oublier pourquoi ces interdits demeurent.

Dino suis le cortège en file indienne, dans la forêt, les feuilles prennent des proportions étranges à la lueur des flammes produites par les torches. Les chants accompagnent les acteurs de la nuit qui vont retourner le mort, si l'exhumation de cadavres de leurs tombes particulières pour lui raconter des nouvelles du quotidien et lui changer le linceul est chose répandue dans toute l'île, la tradition chez les Antasaika est l'enterrement dans une fosse commune. Les hommes avec l'angave commencent à soulever les premières mottes de terre grasse. Un bras apparait puis une tête, le premier corps est dégagé c'est le plus ancien, il faut sortir tous les cadavres car le dernier défunt est toujours au fond. Chaque mort est allongé à côté d'un autre, la scène et ses vocalises dans la nuit percée de flambeaux prend des allures hallucinantes, les proches entourent la dépouille, change son lambamène, chacun son tour raconte ce qu'il a fait pendant son année, ses actes de la vie courante et lui demande protection pour les temps futurs, persuadés que son esprit veille sur eux. D'ailleurs pour la plupart des habitants de l'île la preuve est apportée lorsqu'un visage se mire dans l'eau, on peut apercevoir deux faces, l'une du corps l'autre de l'âme. A présent délicatement tous les cadavres sont reposés, la terre motte à motte les ensevelis, toujours accompagnés de cantiques, les arbres sacrés qui les surplombent continueront leurs rôles de sentinelles, le retour s'enchaîne identique à l'aller, un zébu va être abattu au village, c'est un rituel, les morceaux découpés avec la peau et les poils seront mis à bouillir avec les entrailles, les infections digestives qui vont suivre priveront de vie quelques participants.

*

Dino va prendre le bateau à Manakara en direction de Tamatave le grand port de l'île, ses docks embaument le girofle, la plupart des exportations partent d'ici, selon les saisons les litchis croisent les containers de vanille ainsi les senteurs se superposent emportant un peu de douceur tropicale dans l'hiver européen. La barge cargo file le long de la forêt bordant l'océan, croise la baie d'Antongil qui se souvient des exploits Thomas Tew le pirate et de Beniowski l'aventurier tous deux mariés à des reines locales qui fondèrent deux royaumes. D'autres aussi non moins célèbres tel que Thomas White, Olivier Vasseur dit la Buse pendu à la Réunion en mil sept cent trente et bien sur le Capitaine Misson. Au fond de la baie se dessine Maraontsetra, ville coincée entre la sylve primaire et l'indigo liquide où frayent les baleines. Dino va passer la nuit dans cette bourgade de bout du monde aux maisons garnies de façades de bois chaulé, certains racontent qu'ils existent encore des endroits inexplorés dans cette péninsule principauté des lémuriens. Pour Kelly Kelly tenté par les arbres aux panaches majestueux, il sait que ses confrères ne lui laisseraient aucune chance de vie lui le citadin. Au lendemain l'embarcation quitte le mouillage pour se frayer un sillon dans une mer turquoise apaisée. Par poésie, le capitaine a coupé les moteurs quelques minutes pour écouter le bruit du matin rehaussées de cris d'oiseaux multicolores. Un dernier souffle de baleine à droite et ils reprennent leur route direction Sambava. La capitale de la vanille en exhale la douce odeur, surmontée par la montagne du Marojejy dont les pointes acérées découpent la jungle. Quelques voyageurs respectueux descendent cette vallée sublime, telle une première aube du monde, où des pêcheurs glissent sur la rivière impétueuse bordée d'arbres empanachés par des volutes aux couleurs de jade. Une dernière nuit et se sera l'étape pour Diègo, l'étrave avance patiemment, à bord les hommes se protègent comme ils peuvent d'un soleil de plomb, le chaland croise maintenant la baie de sakalava ou des kitteux pseudo branchouillés tachent le ciel de leurs plastics, portables et fessebouques jamais éloignés.

- Oh tu sais, c'est hypeu, on vient de découvrir un spoteu !! C'est cooleu, tu viens avec nous l'année prochaîneue ?

Baie des pigeons, baie des dunes où la mer décline cinq palettes de bleus, cernée de plages blanches aux sables duveteux, ombragées de tamariniers indolents. Le cap Miné, pointe ses canons sur la passe, portant sur sa droite la mer d'émeraude. Semi-lagon qui allie les tons verts indigo, dans une eau tiède peu profonde d'une beauté stupéfiante. C'était paradisiaque avant que deux abrutis viennent pourrir le site de deux hôtels dont un s'est permis la casse de corail afin d'ériger une jetée pour « kitteus » « branlos » à demi « cannabisés ». Prémices d'un bétonnage plus envahissant aux mépris de toutes lois de protection naturelle. C'est une faculté incroyable de l'homme occidental de venir déféquer sur la beauté, il ne peut pas s'en empêcher. Antienne toujours proférer mais nous créons de la richesse mais que ne va-t-il pas la créer où c'est déjà pourri, par exemple sur les côtes Espagnoles.

- Ah mais pardon, là on a trop déféqué c'est irrespirable.

Et puis qu'elle richesse, celle qui appauvrit la mer avec la surpêche, tarit les sources pour la douche des kitteus, transforme l'autochtone en pitre à tee-shirt fluo. Au commencement l'endroit garde son charme puis les touristes remplacent les voyageurs. « Oh ! mais il y a de l'argent à faire ici, on pourrait faire un run, une course racing, moi je connais du moonndeu », suivent les enceintes méga-géantes sur la plage accompagnées du groupe électrogène, un autre hôtel se construit, les gens du coin sont content leurs fils donnent des cours de kiteu ou de surfeu, enfin certains ; s'accole un magasin de ticheurtes, une espèce d'arbres apparait spontanément ayant comme fruits des centaines de sacs plastiques, d'autres buissons se couvrent de papiers roses, une route plus carrossable se construit, des quatre quatre plus rutilants arrivent, jusqu'à présent il restait en ville. Certains de leurs chauffeurs bombent le torse quand ils viennent pour la première fois se prenant pour Américo Vespucci dans la province du Yucatan . Puis apparaissent les croisiéristes, auparavant Dino était favorable à cette activité touristique car on parquait les blaireaux afin de les rendre inoffensifs. Méprise ils descendent en masse par vagues successives, mille à mille cinq cents par lame, bedonnants, l'objectif de l'appareil photo posé sur le bidon abdominal tel un grotesque phallus, flanqués de bobonnes chapeautées et branlantes s'équilibrant par paire à la façon de tuteurs vermoulus, ils cheminent douteux, levant le museau suivi d'un bras pointant un index indécis en direction d'un balcon tout à fait ordinaire. Quelques années précédentes les prostituées attendaient les bateaux et leurs marins, aujourd'hui elles sont remplacées par les opérateurs économico-touristiques qui dés le quai, se livrent à des flexions d'échines, métaphores de fellations commerciales.

*

Mortages s'incline et fait demi-tour jusqu'au village voisin distant d'une heure de marche. Sitôt arrivé le chef du village lui offre une case qui l'abrite in-extrémis d'un orage déchaîné, il est violent c'est le premier de la saison des pluies, la terre, à l'image d'un vieux cuir craquelé, le boit et le déguste. L'air surchauffé se déchire, les larges feuilles de la forêt poudrées de latérite se vernissent de vert métallique. La nuit inquiétante se passe sous un déluge.

Miracle du jour, nettoyage du ciel, le soleil se lève sur une nature recomposée. Aussitôt Alphonse par en prospection, à la sortie du village un demi marais s'ouvre à ses pas, il le contourne sur sa droite pour apercevoir un sentier en bordure s'inclinant vers l'Est. Il le suit pour arriver à une petite vallée qui se rétrécit dans le fond, un joli ruisseau serpente entre des mamelons pour venir se reverser dans le marécage qu'il a quitté quelques temps plutôt. Se tenant sur la rive droite Alphonse progresse jusqu'au milieu puis fait une halte, immédiatement mis à profit par les deux orpailleurs qui plongent dans l'eau pour sonder le fond à coup de barre à mine. Ils ôtent quarante centimètres de couche stérile pour parvenir au bed-rock. Celui-ci caillouteux fut jeté dans les batées qu'Alphonse voyait entrer en action pour la première fois. Le soleil l'agresse et il décide de se glisser dans le lit de la rivière, rafraichit par l'eau il s'appuie nonchalamment contre la berge n'espérant pas trop de résultat, il s'assoupit presque, quand soudain, la voix d'un orpailleur le fait sursauter.

- Il y en a, il y en a.

Il poursuit.

- Oui beaucoup.

Alphonse s'excite, complètement réveillé, il jette un œil au fond des bâtés remplies de sable noir bordé d'or, ce qui implique une forte teneur. Par superstition, Mortages leurs dit :

- Mais c'est peut être du cuivre.

- Azafady, vazaha ! Embessa arek !

D'un coup sec et expert du poigné l'orpailleur jette le sable noir dans le ruisseau et révèle soixante grains d'or de la taille d'une lentille, les pulsations cardiaques, d'Alphonse, emballées l'empêchent de les compter. Quand arrive le second orpailleur avec une pépite de cent grammes. Il s'excite à l'image d'un fou furieux et pendant trois jours délimite son terrain à l'aide de poteaux puis continue la prospection. Lorsqu'il voit survenir les deux kidnappeurs. Seulement la situation n'est plus la même, Mortages a un fusil entre ses mains et douze cartouches dans la poche.

- Ce n'est pas la peine de continuer, tu sais bien que ces terrains sont à nous, tu ferais mieux de t'associer.

*

Dino saute du bastingage et Kelly kelly pousse un gazouillement de satisfaction, la mer n'étant pas la chose qu'il apprécie le plus, cherchant en vain sur le bateau ce qui pourrait ressembler à un arbre. Malheureusement quand le moteur en est l'unique propulsion les mats sont rares. Dino retrouve Gerson qui est rentré par la route et Jep qui revient de l'Isalo. Les nouvelles ne sont pas bonnes, ce magnifique massif, point oublié de la civilisation, est étoilé de concrétions grésiques, entrecoupé de cañons en grés, truffé de grottes, il s'étend sur deux cents kilomètres large et de vingt cinq au sud ouest de l'île. Les zones qui le bordent en son Nord et Ouest sont complètement hors du monde. Elle mixe deux populations de Sakalavas et de Boras. Le vol de zébu est une coutume qui prouve la valeur du guerrier à sa promise. Au fil du temps cette tradition est devenue un emploi à temps complet. Deux siècles auparavant lors de la civilisation de l'île Maurice et de la Réunion, ces sœurs dévoreuses de viande, étaient approvisionnées en bétail volé, des pirates assuraient la liaison maritime. Réunis en bande ces pillards sont surnommés Dalaho, les nouveaux acheteurs sont dans l'archipel des Comores, de grands boutres à voile effectuent leurs chargements de nuit. Les bovins arrivent les pieds empaquetés de chiffons pour diluer les traces, des bouviers ramassent les excréments afin de rendre le passage invisible. Ainsi quelques signaux lumineux aux environs de Belo sur mer que baigne le canal du Mozambique, voient de silencieux voiliers embarquer les bêtes. Un coup sur cordage qui relie la baume et la paille tressée tenant la grand voile s'émiette. La toile se gonfle dans la nuit pour être engloutie quelques instants après par l'océan tropical. Trafics immémoriaux depuis la nuit des temps qui défient la haute technologie des satellites.

Or ces dernières semaines les vols ont pris des proportions gigantesques, ils durent plusieurs jours et opposent des bandes de deux cent cinquante bandits surarmées aux gendarmes. Voilà ce que relate la presse du lundi trois septembre deux mille douze.

BETROKA

LES FORCES MIXTES MATEES PAR DES BANDITS

LE COMMANDANT DE BRIGADE A ÉTÉ ABATTU PAR 250 DAHALO LOURDEMENT ARMÉS, AVEC L'UN DE SES HOMMES ET UN POLICIER. LES FORCES DE L'ORDRE ONT DÛ BATTRE EN RETRAITE.

L'heure est grave à Betroka. Hier matin les balles ont sifflé aux oreilles, durant deux longues heures, lorsqu'une quarantaine d'éléments des forces de l'ordre, se sont heurtés de plein fouet à 250 bandits de grand-chemin armés jusqu'aux dents. De source émanant du district de Betroka,

cette fusillade meurtrière à fait onze morts. Dans les rangs des forces de l'ordre de l'ordre, le gendarme principal Arthur, commandant de la brigade de gendarmerie de Betroka est tombé sous les balles des dahalo, le gendarme de deuxième classe Serge et le brigadier de police Denis ont partagé son sort tragique. Lors des échanges de coup de feu, sept bandits et un villageois ont également trouvé la mort.

L'accrochage a éclaté à Androtsimaika entre 7h30 et 9h 30, une localité située à une dizaine de kilomètres au nord du chef lieu de district. Joint au téléphone, un journaliste de radio télévision nationale qui y a laissé son matériel, met en avant que les malfaiteurs n'étaient pas moins de 250. A l'entendre une vingtaine de dahalo, équipés de fusils d'assaut Kalachnikov et une quinzaine d'autres armés de fusil Mas se trouvaient en tête de front. Juste derrière, leurs comparses ont fait parler la poudre à coups de fusil de chasse.

APPEL DE DETRESSE

« Les malfaiteurs se sont livrés à une véritable chasse à l'homme. Ils repèrent chaque élément des forces à partir des coups de feu tirés pour mieux le

prendre dans des tirs croisés », continue le journaliste.

Les milices armées ont sévi en début de matinée vers 6 heures. Une poursuite a été engagée lorsqu'elles ont fait main basse sur un millier de têtes de bovidés aux abords de Vohimary, à 14 kilomètres à l'Est de la ville de Betroka.

La brigade de gendarmerie, le commissariat et la 517ème compagnie, ont envoyé des éléments à la rescousse en trois vagues. Une vingtaine d'hommes se sont lancés aux trousses des voleurs sitôt l'alerte donnée. Du renfort composé de dix, puis de sept éléments a été ensuite envoyé sur le champ de bataille.

Le commandant de la 517ème compagnie a lancé un appel de détresse lorsque le combat à l'arme automatique faisait rage. « *Il m'a informé que la situation était on ne peut plus grave. D'emblée, j'ai lancé un appel à la population, pour que ceux quoi ont des armes à feu, viennent prêter main forte aux forces de l'ordre »*, indique la chef du district de Betroka Amélie Zara.

Son message a retenti à travers les ondes d'une radio locale vers 8 h 30. Ayant répondu à l'appel, 120 paires de bras se sont dépêchées sur le lieu de l'accrochage.

Après un baroud d'honneur face aux bandits en surnombre, les forces mixtes et fokonolona ont battus en retraite.

Pour leur part, les brigands se sont retranchés au pied de la colline de Vohitolaka, non loin de l'endroit, théâtre de l'affrontement. Ils ont attendu la tombée de la nuit pour prendre la poudre d'escampette avec leur butin.

« Un hélicoptère et du renfort militaire venant des districts voisins ont été entendus ce jour-là. La poursuite devrait être reprise dans les plus brefs délais du fait que les dahalos avancent à grand pas vers la réserve naturelle de Kamlambatrika, une forêt quasi impénétrable ceinte par Vohibe, Iakora et Ambalavao »., continue le chef du district de Betroka. Aux dernières nouvelles, huit cents têtes de bovidé ont été récupérées.

Toujours le 3 septembre mais dans une autre ville dénommée Tolagnaro.

APPRÉHENDÉS PAR LE FOKONOLONA APRÈS L'ATTAQUE D'UN VILLAGE, 86 DAHALO PRÉSUMÉS ONT ÉTÉ LYNCHÉS À

MORT. TROIS COMMUNES RURALES ONT ÉTÉ LE THÉATRE DE CE MASSACRE.

Hécatombe dans la région d'anosy. Las des vols de bétail à répétition, le fokonolona a exécuté 86 dahalo, dans trois communes rurales du district de Tolagnaro, pour la seule journée de vendredi, de source émanant de la région Anosy. Le groupement de la gendarmerie dénombre pour sa part, 67 morts.

Les individus qui ont trouvés la mort faisaient partie d'une meute de 130 bandits de grand chemin. Tombés dans les griffes du fokonolona, en dirigeant une attaque dans la commune rurale de Fenoevo, 18 ont été lynchés à mort. Ayant réussi à prendre la fuite, ceux qui ont échappé au pire ont été traqués jusqu'à leur dernier retranchement.

Appréhendés par une foule en furie dans la commune rurale d'Enaniliha, 15 autres complices de ceux qui se sont fait tuer lors de l'assaut ont trouvé une mort horrible. En continuant la chasse au dahalo, les villageois ont ôté la vie de 14 suspects dans l'agglomération dEminimy. Rattrapés à Erangafeno, 12 autres individus ont été tabassés jusqu'à ce que mort s'en suive. Dans le village d'Eranomainty, plaque tournante du vol de bétail, dis hommes suivis à la trace par le fokonolona n'ont pas survécu aux coups qu'ils nont encaissés. Dans les localités respectives d'Agnenovrano,Bekolay,Beketra, Andromanbo, Manindry, et Rebevolo, le nombre de dahalo tués oscille entre un et quatre.

BRAS ARRACHES

Selon les explications du chef de région, les villageois qui ont réservé un sort tragique à la meute des malfaiteurs n'avaient sur eux, que des haches et des sagaies. En surnombre, ils ont, en revanche, accueilli les bandits dans un déluge de pierres. Alors que prés d'une quarantaine de dahalo ont réussi à se glisser à travers les mailles des filets, une adolescente de 14 ans qui se trouvait dans leurs rangs est tombée entre les mains du fokolona. Vêtue de treillis, la mineure est déjà un enfant terrible du vol de troupeau malgré son jeune âge.

Ce tour de force des villageois a commencé à faire grand bruit depuis début août. Le mardi 7 , les villageois ont brûlé sept corps de dahalo tués à Fenaorivobe, Ifarantsa. Pas plus tard que le mardi 21, le fokolona s'est déchaîné sur seize voleurs de bœufs à Behavy. En état d'énervement total, les habitants ont arrachés six bras sur les corps pour les exhiber lors d'une marche à travers le village en guise de trophée de guerre.

Le mardi 4 septembre le quotidien l'Express titré :

LA GENDARMERIE ET L'ARMEE DECAPITEES PAR LES DAHALO.

*Après avoir « **scalpé** » le commandant de brigade de gendarmerie de Betroka, les dahalo ont proféré des menaces à la chef de district, Amélie Zara, qu'ils ont l'intention de charcuter. La sécurité de celle-ci a été renforcée mais cela risque d'être insuffisante devant l'ampleur de l'insécurité qui secoue tout le Sud.*

Le Samedi 8 septembre le journal Midi Malgache inscrit en Première page : *NOUVEL ACCROCHAGE AVEC LES DAHALO 5 MILITAIRES DONT UN CAPITAINE TUES A BETROKA :*

La situation s'envenime ! Les bandits de grands chemins ont encore fait des victimes. Un nouvel accrochage a eu lieu dans un petiot village faisant cinq morts parmi les éléments des forces de l'ordre. Selon nos informations, un officier de la gendarmerie, le commandant de la compagnie d'Ihosy, serait parmi les victimes. Les faits se sont produits hier soir, aux environs de 19 heures.

Embuscade. Quelque 200 hommes qui viennent de dérober 400 têtes de zébus se sont réfugiés aux environs de ce village . Une opération pour les traquer a été alors organisée. Jeudi soir, à environ 300 mètres du site, la colonne conduite par le capitaine, commandant de la gendarmerie d'Ihosy, a été prise à partie par des tireurs embusqués. Et ce, à une très courte distance. Cinq hommes ont été mortellement touchés. Il s'agit du capitaine de gendarmerie, et de deux autres gendarmes gradés et deux militaires de l'armée. Deux autres gendarmes ont été grièvement blessés. Le lendemain cette horde de malfaiteur a encore frappé. Les assaillants ont dérobé plus de 200 zébus avant de s'évanouir dans la nature. Les militaires quant à eux se sont repliés « *non pas par peur mais il s'agit d'une nouvelle stratégie, avant de lancer un grand assaut afin de mettre fin à cette situation d'insécurité* ».

La rumeur cours que les assaillants seraient encadrés par des mercenaires Sud-Africain, eux-mêmes commandités par l'ancien président, en exil actuellement, qui doit s'inscrire sur les listes électorales avant le mois de Novembre or il est sous le coup d'un mandat d'arrêt dans son propre pays, il aurait donc tout intérêt à ce que des troubles lui permettent de revenir sans être inquiété par un état de droit.

Ainsi Dino apprend la mort de son cousin gendarme tombé sous les balles d'un dalaho pendant l'accrochage du lundi trois septembre, lui qui attendait tant le match revanche pour la finale de rugby. La région est maintenant quadrillée, lors de son parcours le chauffeur de Jep n'avait pas vu la barrière de contrôle érigée sur la piste. Sous le choc du quatre quatre le cylindre d'acier avait pivoté pour faucher le gendarme qui était au milieu, Jep avait plongé sous le tableau de bord, Marc à l'arrière se jeta sur la banquette, pressentant un tir du second gendarme posté sur la gauche. Dans une grande maîtrise de soi le militaire n'avait pas ouvert le feu, le véhicule arrêté, le gendarme au sol se releva plus offensé que blessé. Il s'appliqua d'un contrôle on ne peut plus pointilleux pendant une heure mais Jep ne s'en formalisa pas tout heureux d'une si bonne issue. Ce qui n'était pas sans lui rappeler le coup d'Etat trois années plus tôt. Assis dans la chambre d'hôtel à Tana dans l'attente d'un avion pour le lendemain. Il fut intrigué par des bruits de feux d'artifices, mettant le nez au carreau, il s'aperçut que les tirs habituellement dirigés vers le ciel étaient à l'horizontale. Surpris, ce sont des balles traçantes pensa-t-il se collant aussitôt au mur en position accroupi. D'une torsion du pied il arracha le fil de la lampe du secteur. Il était entrain de téléphoner à des amis sur Diégo pour relater les événements quand deux coups plus fort que les autres mirent fin au tacatac des mitrailleuses. Le lendemain un étudiant moins chanceux fur retrouvé mort, la tête dans ses livres, foudroyé par une balle entrée dans sa tempe.

La population était en liesse, les deux explosions entendues la veille au soir étaient dues aux tirs d'un char contre le palais présidentiel. Sur l'avenue de l'indépendance les gens chantaient et l'ensemble avait des allures bon enfant, Jep seul blanc au milieu de la foule ne ressentait aucune agressivité, plutôt un privilège d'être si bien toléré. En revanche en milieu d'après midi descendant du quartier Isoraka par une rue pavé un nombre de manifestants exaltés précédaient un convoi de véhicules, arrivé à hauteur d'un consulat, un imbécile se mit à le pointer du doigt et crier :

- Mercenaire, mercenaire.

Sur le quatre quatre se tenait debout, le nouveau président. Ses gardes très nerveux dirigeaient leurs fusils d'assauts vers les toits des immeubles or sous l'invective lancée au hasard, le canons de leurs armes se pointèrent sur Jep, dans un reflexe il se mit à leur crier en désignant un consulat proche :

- Non, non je travaille là.

Lui qui se maudissait quelques minutes auparavant d'avoir oublié son appareil photos, se félicitait maintenant se disant que peut-être un garde du corps aurait mal interprété les essais de clichés.

*

Dino a retrouvé Bernard pour raconter son périple. La violence n'épargne pas Diégo, le président des parents d'élèves lycéens est décédé dans des circonstances plus que douteuses. Sa femme entendue par la police avoua ce meurtre mais ressortit vingt quatre heures plus tard pour reprendre le véhicule tout terrain du mari et son djombilaï. Comme une autre à Joffre-Ville surnommée la veuve noire après trois assassinats de conjoints. Ou une changeuse de devises qui se fit braquer deux fois, la deuxième pour voir la tête de son époux éclater par une balle de pistolet devant ses enfants, elle-même torturé au fer à repasser pour lui faire avouer où elle cachait ses liquidités. Plus tard un Karane se voit couper la langue dans son domicile au premier étage d'une maison dans le centre ville, il décédera à l'hôpital des suites de son hémorragie. Quelques temps auparavant c'était un couple de Karanes qui se faisait abattre à sept heures du soir à l'angle de la rue Colbert par une rafale de kalachnikov tirée par des cambrioleurs. Ces derniers, entrain de dévaliser une maison pendant la prière du vendredi, avaient omis de fouiller tout l'appartement, se concentrant sur quelques pièces or le patriarche de la famille, souffrant, ne s'était pas rendu à la mosquée. Il appela sur son portable son fils et sa belle fille, ceux ci accoururent à bord d'une camionnette pile à l'instant où les voleurs surgissaient sur la chaussée, d'un coup d'accélérateur le puissant véhicule fit un bond en avant et emporta un malfaiteur, un de ses complices au milieu de l'asphalte se retourna et lâcha une giclée de balles qui étoila le pare-brise pour perforer les nouveaux mariés.

La kalachnikov est une arme que l'on retrouve très souvent dans les mains de cambrioleurs, des semaines plutôt c'était au tour d'un retraité de se faire rafaler à dix heures du matin pendant qu'il lisait son journal, en ménage avec une malgache, cette dernière avait chanté trop fort que son mari avait retiré une forte somme d'argent pour fêter leurs dix ans de vie commune.

Pour rajouter à l'horreur c'était au tour d'un gardien ami de Jep surnommé le Stallone noir, pour sa ressemblance physique et faciale avec l'acteur américain, de décéder.

A cause d'un problème oculaire il avait du quitter son emploi au Grand Hôtel. Après des soins longs de six mois, il retrouve un poste de vigile dans un petit hôtel sans histoire. L'ancien gardien, par courtoisie semble-t il, lui offrit des nems avant sa prise de service. Stallone en soirée subit de fort vertiges et s'assoit sur le banc, il ne peut retenir sa tête qui vient heurter la table, sans réaction il n'entend pas les trois cambrioleurs qui pénètrent dans l'enceinte de l'hôtel, silencieusement pour ne pas faire crisser le gravillon, ils s'avancent par derrière le large dos du vigile. A cet instant le premier du trio lève une masse de chantier pour l'abattre avec force sur la boîte crânienne du pauvre gardien, les os explosent, la cervelle se répand, un complice pour faire dans le raffinement finit de lui trancher la gorge puis ils le soulèvent du sol, le ligotent comme si cela était encore nécessaire et le portent pour l'étendre sur un canapé. Les malfrats visiblement bien renseignés se dirigent maintenant vers le coffre de l'hôtel et dérobent l'ensemble des recettes plus l'argent que les résidents avaient déposé. Lui aussi attendait le match revanche de rugby, il s'entraînait assidument et s'appliquait une discipline stricte, le sort en a décidé autrement.

D'autres malheureux avaient attendus le taxi-brousse à six heures du matin devant l'hôtel des Arcades, un jeune couple, dont la femme était enceinte, s'était retrouvé lardé de coups de couteau, il avait été évacué dans un état très critique vers un hôpital étranger par moyens aériens.

Et puis les enfants de madame la proviseur se retrouvent pris en otages à sept heures du soir quand celle-ci était en plein conseil de classe, une de ses filles cachée dans les combles peut lui envoyer un message et les sirènes de police feront fuir les cambrioleurs.

Dino se gratte le sourcil droit tout en dégustant son café et demande à Bernard :

- Mais tu n'as pas l'air retourné, comment tu appelles ça, je ne me souviens plus du terme.

- Ah tu veux dire stoïque !

- Oui d'où vient ce mot.

Bernard se lâche. Il se trouve sur son domaine et de narrer l'école de pensée grecque qui avait perduré par de là l'antiquité jusqu'à ce que saint Augustin la dissipe dans les nimbes.

Les stoïciens poursuit Bernard sont des héros non pas au sens où nous l'entendons aujourd'hui mais dans la Grèce antique. C'étaient des hommes au-delà du commun en revanche ils étaient mortel. Le stoïcien rejette toute forme d'excès, s'applique à contrôler ses passions, ses sautes d'humeur, sa peur, ses peines, son angoisse, il raisonne son esprit pour approcher la perfection et devenir un sage, la mort ne doit plus l'effrayer car étant parfait à quoi bon faire perdurer la perfection.

Saint Augustin mit un terme en argumentant que la perfection était inatteignable et que l'on ne pouvait tout raisonner notamment le pourquoi suis-je moi-même, l'ai-je choisi complètement, Non !

La philosophie grecque prit fin à cet instant. Peut être aujourd'hui le cœur du moi s'explique de plus en plus et s'amenuise comme si l'on ôtait un à un les copeaux d'un oignon. La génétique progresse inextinguible pour se rendre compte que le moi profond est un legs trans-générationnel que les phobies, vertiges par exemple, sont dues à un lointain ancêtre qui a pu chuter d'une falaise. En retrouvant ses esprits et sa santé il a transmis cette peur ancrée au fond de lui lors de la procréation. Ainsi la part de l'inexplicable et du divin s'amenuise à l'image d'une île subissant l'inexorable montée des eaux.

Pourtant refuser toute passion comme le demande les stoïciens revient à se priver d'oxygène, Aristote s'oppose aux Stoïques démontrant que la passion est l'exorde à l'action ainsi Cicéron stipulait que la colère demeurait la pierre à aiguiser du courage.

Choc des cultures l'occidentale qui prît naissance à Salamine, adoptées par l'élite romaine qui fit combattre ses légions à majorité gauloise, les meilleures, pour l'étendre à l'Europe et se heurter à l'Afrique Asie.

Dino intervient.

- Moi je n'ai pas eu cet enseignement, comme crédo je me dis que je ne dois pas faire aux autres ce que je n'aimerai pas que l'on me fasse. On nous rabâche que la culture occidentale est l'envers de la barbarie mais plus les peuples sont cultivés plus ils dominent les autres. Les Allemands et les Japonais étaient bien organisés pendant la seconde guerre mondiale, un peuple bordélique lui ne peut pas ordonnancer un génocide de cette ampleur, la culture ne peut empêcher que les hommes deviennent des barbares, seul l'amour et l'affection que t'ont donnés tes parents seront les barrières, les remparts pour que tu ne sombres pas dans la sauvagerie et l'atrocité quand viennent des périodes de guerre.

Puis poursuit déterminé.

- Vois-tu ici, bien souvent nous subissons la tradition comme une contrainte mais nous n'osons la briser par peur de blesser les ancêtres. Toi tu es étranger, tu ne t'en rends pas compte, tu peux adresser la parole à n'importe qui. Nous nous avons un système de caste qui se chevauche à la nouvelle société, un gradé de l'armée pourra très bien venir saluer avec humilité un laboureur dans la rizière parce que ce dernier est descendant d'une ligné noble.

- Oui mais en ce moment certains codes sont entrain de se briser relance Bernard. Les sociétés se miment plus facilement dans le vice que dans la vertu. Vous avez pris de plein fouet la parabole, le CD, l'internet et le portable sans digestion, un bond de quarante ans entre les années soixante et maintenant. Ici, le rap est arrivé il y a à peine cinq années alors qu'il existe en occident depuis vingt ans, preuve que notre évolution est bloquée car le genre musical mue avec la société, on pourrait dire que c'est un truc pour les vieux. Mais les compagnies de disques ont compris qu'elles détenaient un filon avec la population peuplant les banlieues. Ainsi elles trouvent toujours des décérébrés qui veulent vocaliser à l'aide d'une chaîne de vélo autour du coup, un tatouage façon tag, la casquette de travers en faisant, yo, avec des gestes de mammifères abasourdis. Ils se disent rebelles mais sont au maximum dans la société de consommation, vont se faire soigner dans les hôpitaux militaires, aiment les belles voitures et les blondes peroxydées. Ils ne proposent aucune alternative sur un choix de société, exceptée une religion archaïque pour certains, n'imaginent pas une organisation sauf peut- être de se toucher les couilles en se regardant la bite et croyant être les seuls au monde à en avoir une.

Bernard bois à son tour un café aux arômes de vanille adoucis de sucre roux. Ce qui lui permet de continuer.

- Tu ne pourras m'enlever de l'idée et ici ce n'est pas une vue de l'esprit puisque nous l'avons observé, que le vecteur télévisuel de films violents est terriblement déclencheur d'insécurité. Lors des premiers visionnages tous les malgaches étaient troublés, certains croyaient que les acteurs mourraient réellement, d'autres partaient se cacher. Or actuellement nous sommes dans la copie réelle de ce qui se passe fictivement à Hollywood. Le pire étant devant nous, hélas !

Dino étend ses jambes douloureuses à forces de courses et d'efforts, il émet une opinion.

-Est-ce que tu croies que c'est la violence qui augmente ou les moyens d'informations qui accélèrent la connaissance de l'évènement, Bernard un oeil sur gecko qui guette une mouche jaune replonge dans le dialogue :

- Il y a toujours des cycles, tout porte à croire que nous sommes aux prémisses d'un nouveau, peut-être même d'un délitement de l'occident. Rome ne s'est pas effondré en un jour sous les barbares. Ils étaient dans l'empire depuis bien longtemps surtout les Goths. Le sénat ne pouvait s'en débarrasser et envoyer des légions contre eux, auraient dégarni les frontières. Aussi les barbares erraient dans l'empire vivant sur le vol de récoltes aux autochtones, dépité l'empereur les paya même pour combattre d'autres tribus, certains imbéciles affirmaient qu'il s'agissait d'une aubaine pour Rome. Leur chef accéda, c'est un comble, aux commandements suprêmes des armées, il se tailla un fief qui devint royaume et tira sa révérence à la ville éternelle. Par la suite d'autres l'imitèrent ainsi voilà comment l'on se retrouva avec l'empire romain d'Occident disloqué. Celui d'Orient perdurera jusqu'en 1453. Quand tous les Turcs s'abattirent sur Constantinople, les savants et philosophes qui avaient perpétué la culture et la science des grecs, immigrèrent sur Florence, de la sorte vînt la Renaissance. Donc une violence met fin à une autre par ricochet puis que cela mit un terme au Moyen Age.

Dino boit les paroles mais il faut prendre congé une course l'attend.

- Demain tu me contes Libertalia.

- D'accord, prend cinq mille ariary tu m'achèteras un coussin ce sera plus confortable pour ton écoute.

*

Mortages les met en joue.

- Foutez moi le camp, je fais ce que je veux !

Les deux lascars commencent à reculer doucement puis s'en vont et finissent par détaler. Alphonse se rend immédiatement au chef lieu du poste administratif d'où dépend le terrain pour effectuer son enregistrement ce qui lui en donne droit de propriété. Les deux autres ne l'ayant pas fait au bon endroit, leurs déclarations furent caduques. Mortages se retrouva avec un terrain de cent cinquante kilomètre carré. Au mois de juin mil neuf cent six il revient sur place avec un contingent de soixante hommes pour jeter les bases de l'exploitation. Ils posent leurs pelles non loin de la source d'eau chaude en contrebas de la route durant six mois. La découverte de quelques grammes les incite à continuer. Au début de l'année suivante les grammes se firent kilos tous les deux jours mais il décide de revenir à l'endroit où il a trouvé les premières pépites , à la fin du mois de juin il obtient deux kilogrammes d'or et onze en Juillet. Il se félicite de son choix mais une idée lui taraude l'esprit et si cet or provenait du terrain en amont ne lui appartenant pas. Au même moment il se rend compte d'une baisse d'effectifs sur son chantier et quelques jours plus tard en venant régler le salaire de six hommes, il est alerté par sa femme de ménage.

- Patron, tes ouvriers s'apprêtent à partir pour la mine que tu avais exploité précédemment.

Il se met à les suivre pendant quelques heures en chaise à porteur escorté de quelques gardes. Brusquement à la suite d'un village, deux orpailleurs surpris se tiennent cinquante mètres à sa droite. D'un coup sec sur les brancards, les porteurs le déposent à terre, Alphonse épaule son fusil et apostrophe les deux terrassiers, sous l'ordre les deux hommes, anciens employés, s'avancent, une barre à mine se dessine enveloppée dans un lamba ajoutée de quatre couffins. Intrigués par les morceaux de quartz qui remplissent les cabas, Mortages se rapproche et saisi une pierre, elle est couverte d'or, il examine les autres qui sont fracturées, même constat elles sont remplies de pépites identiques à un gâteau de riz. Il envoie un des chercheurs, surveillé par un porteur, à son exploitation, ce dernier déposera les paniers en lieu sur.

Mortages se fait expliquer par le deuxième orpailleur à quel endroit ils travaillaient et se met en route en le suivant. Arriver au pied d'une butte, le chercheur lui désigne la crête. Alphonse fait arrêter sa troupe, se faufile, rampe jusqu'au sommet, ses vêtements sont déchirés, la sueur coule abondamment de son chapeau trop étroit, la bretelle de son fusil s'est accrochée à un buisson l'empêchant de se servir de son arme. L'orpailleur a observer la scène, au moment où il va se redresser pour alerter ses collègues, Alphonse le fauche d'un puissant coup de ciseau tout en tirant l'arme qui se décroche de l'arbuste. Il roule sur l'homme et lui pose le canon du fusil en travers de la gorge en appuyant.

- Ne bouge plus ! Dis comme ça on obéit.

Arrivé à la cime, il aperçoit en contrebas ses anciens employés entrain de piocher, pareil à des damnés, le bloc aurifère. Le catalan est rassuré car ils sont bien sur ses terres. Après les avoir observés quelques instants, il se dresse et tire deux coups de feux en l'air, le bruit est assourdissant, en bas c'est la débandade, Mortages s'approche et enregistre d'un coup d'œil, les pelles et les barres à mines, les sacs remplis de quartz dispersés çà et là.

Il envoie ses hommes récupérer les orpailleurs cachés dans les bois et mort de peur mais un sourire éclaire leurs visages en voyant Alphonse hilare aux éclats de leurs frousses. Il faut tout rassembler avant le retour, en remontant dans sa chaise à porteur, ses employés se mettent à chanter « o mena, o mena » en faisant sauter les brancards et se le passant de bras en bras, hystérie toute africaine. Le catalan se prend au jeu et entonne de concert, le temps bascule l'ensemble devient délire, les cris redoubles et la cadence des mains frappées s'accélèrent, tout le monde veut avoir le privilège de porter le Vazaha Be. L'arrivée au village soulage Alphonse qui a failli chavirer au moins une demi-douzaine de fois entre deux passages d'équipe à deux mètres du sol. Mourir est toujours idiot mais encore plus quand on est entrain de devenir riche. Durant deux jours et demi le quartz fut broyé de la plus antique des manières, sur une pierre plate et ronde ceinte d'un chiffon pour empêcher les éclats de s'éparpiller, un orpailleur concasse les cailloux puis à l'aide d'une pierre en forme de rouleau à pâtisserie, il finit de réduire en poudre le minerai.

Ensuite le chercheur d'or s'assoit tranquillement au bord de la rivière, la bâtée sur ses genoux et le seau à minerai à ses côtés, un verre de minerai et un pot à eau. La bâtée tourne le contenu, l'or reste au fond, le quartz est rejeté dans un autre sceau que des villageoises s'empresse de reprendre et re-filtre à leurs comptes le résidu.

A la fin des premières journées d'épurations ce sont quinze kilos d'or qui tombent au pied d'Alphonse. Le deuxième jour après quatre heures de broyage vingt cinq kilos, le lendemain à la même heure la production était complètement terminée et la balance accusée soixante dix neuf kilos. Cinq mois plus tard un banquet fête la demi tonne extraite mais peut être d'autres vont venir s'ajouter. Qui sait ?

*

Dino se retrouve dehors au milieu des quatre L jaunes qui ahanent entre deux trous pareilles à de gros hannetons un peu ivres. En récupérant un peu de graisse pour le roulement de sa carriole à la station service du stade municipal, il entend un vazaha goguenard qui raconte la dernière mésaventure d'un conglomérat minier venu extraire le nickel et le cobalt dans la partie Est de l'île. L'entreprise a investi six cent millions de dollars pour ériger une usine et commencer l'exploitation au bout de trois années, les délais sont dépassés mais il faut réinjecter trois cents millions. C'est le prix du vol des divers matériaux, tout y est passé, fer, ciment, quatre quatre, groupe électrogène de la grandeur d'un container, pneus, huile, tuyaux, gasoil etc... Il conclut en faisant son plein « Ils ne sont pas prêts de commencer l'extraction ».

Dino s'éloigne en ayant l'impression d'avancer dans de la soupe, l'air est absent, les bronches se gorgent d'humidité. Une pompe géante absorbe l'oxygène. Les chants d'oiseaux se sont tus, bizarrement la circulation devient fluide, les passants se font rares, il hèle un compère.

- Qu'est ce qui se passe.

- Cyclone !

- Oups, je vais demander à un ami gardien si son patron peut m'héberger, il faut que je fasse vite. Malaklak.

Il a l'option Bernard mais il est trop éloigné, il tire sa cargaison jusqu'au grossiste de riz rue Philibert Tsiranana avant le grand Marché, le règne du chacun pour soi commence, l'ensemble de la population se claquemure. Il dépose sa charge pour couper avant une petit superette en direction du cimetière des français puis bifurque à gauche au début du quartier de la SCIM, la carriole saute sur les pierres de la chaussée défoncée ainsi il aperçoit la bonne bouille de Brice le mécanicien et se dit qu'après tout il peut se poser chez lui.

L'artisan est un brave homme qui élève seul ses deux filles vivant dans un capharnaüm impossible où alternent les pièces mécanique et le mobilier de maison. En compensation sa maison basse est protégée par d'autres. Ensuite Brice est un débrouillard, ils pourront écouter la radio ou regarder une petite télé à l'aide d'accus bricolés qui fournissent l'électricité. La compagnie qui gère l'approvisionnement vient de couper toute distribution. L'attente commence donc, elle va durer toute la journée. Les forces emmagasinées sur l'Océan Indien vont se libérer vers dix heures du soir, un mur de vent gifle les colonnes d'eaux, la terre disparaît sous le liquide, des bruits violents se font entendre de toutes parts, les tôles s'arrachent et s'envolent telles des haches géantes, les réverbères s'abattent, les panneaux publicitaires se satellisent autour des cocotiers, leurs supports se tordent. Les premiers chocs surviennent compacts, pluie et rafales de souffles associées ont frappé de front, toutes les demeures ont subi les secousses aux mêmes instants.

Plus au sud les villages de brousses sont rayés de la carte, aussi la liste des morts s'allonge, la glèbe détrempée ne soutient plus les arbres qui s'abattent formant des barrages naturels à l'onde, ceux ci finissent par rompre amenant des flots impétueux venus de nulle part dévaster de larges zones. Le bétail périt en beuglant, les chiens flottent le ventre en l'air. Kelly kelly a plongé sous la chemise de son maître et ne se manifeste pas, Dino peut entendre son petit cœur cogner sur sa poitrine, lui aussi n'est pas rassuré s'attendant à chaque instant que le toit de son ami s'effondre, la nuit ne fait que commencer. Chaque heure apportera son incertitude, on pense à sa famille et à ses amis sont ils bien protégés, personne n'imagine le pire mais les nouvelles ne pourront arriver avant plusieurs jours, les communications ne fonctionnant pas. Dino pense à ses copains du rugby, ne seront-ils pas trop affectés pour les phases finales ou n'auront-ils pas des blessés dans leurs familles.

Un bruit terrible les fait sursauter, ils pensent qu'ils vont prendre un déluge de pluie sur la tête mais le toit résiste, les supputations vont bon train, de l'eau commence à suinter le long des murs. Les deux petites filles de Brice sont blotties l'une contre l'autre et ne peuvent dormir, la plus petite pleure silencieusement, sans la parole elle ressent l'inquiétude de son père.

- Papa je t'aime.

Le cri de l'aînée a jailli spontanément, Brice la serre dans ses bras et l'embrasse doucement.

Le jour balbutie sosie d'une lampe à pétrole incertaine. Le vent trébuche spontanément, la pluie parachève une dernière tourné et puis s'en va. Plus au nord, le ciel parme sombre esquisse une timide dilution. Le cyclone va se ressourcer dans l'océan, l'eau chaude est son énergie. Il laisse la ville hébétée, un cocotier s'est couché sur une charpente, des pierres jonchent les rues, Guenaël le propriétaire de Coco Pizza n'as plus de toit, Jep ne peut sortir sa moto un arbre est en travers du portail, plus bas dans la cité prés du port c'est un désastre. Mais le pire est dans la région de Maroentsetra au sein de la baie d'Antongil comme d'habitude. Nosy Be l'île aux parfums a été protégé par les hauts sommets du Marmoukotroa, le porte hélicoptère Jeanne d'Arc a été dérouté sur la côte Est et des navettes d'aéronefs se mettent en place pour jeter des sacs de riz aux survivants rassemblés sur des îlots précaire aux milieux des flots.

Dino sort de sa tanière ou plutôt celle de son compagnon, un peu ahuri mais l'esprit curieux de voir les dégâts, ce qui surprend en premier lieu se sont le nombre de cailloux épars. Les gens commencent à errer un brin saoul avec un contentement retenu et une épure de sourire qui porte à penser à de la plénitude. La satisfaction d'être de ce monde après l'apocalypse.

Jep zigzague à l'aide de sa moto au milieu des flaques, trous, débris, objets divers, lui aussi goûte aux couleurs matinales, à nul autres pareilles d'un petit matin après cyclone. Le pourpre du firmament se déchire de bleu, piqueté d'émeraudes végétales harassées de luttes.

A grand renfort de klaxon il salue Dino, c'est aussi ça Diégo, cette fraternité dans l'échange au quotidien.

- Demain footing d'entrainement pour tout le monde.

Dino acquiesce et le regarde s'éloigner sur sa machine.

La moto encore une fois ne l'a pas trahi pourtant maltraitée, Jep l'avait achetée à Nosy Bé comme la précédente qui elle était tombée en panne le premier jour. La selle et le pot d'échappement dévissé, l'avait obligé à l'arrêt au milieu de nulle part en pleine brousse. Quelques cordes solidifièrent l'assise, le bob dans une main fit office de clef anglaise pour serrer le gros boulon d'évacuation des gaz. Parvenu une heure après dans un village de chercheur de saphir, il put faire resserer l'ensemble, puis le fixer définitivement dans une commune nommée Nivrane. Le périple de douze heures prit fin au crépuscule à l'orée de Diégo.

Avec la deux cent cinquante centimètres cubes la traversée en mer se fit sur un ferry nommé Zarga. Jep parti à sept heures du matin, accompagné d'une foule tumultueuse encombrée de couffins de toutes tailles, a pris d'assaut l'embarcation suivit de deux véhicules montés sur des mandrins brinquebalants pendant que deux dockers avaient hissé la moto à l'arrière. Il se détendait humant la mer cobalt et le long chapelé d'îles chargé de végétation luxuriante. Quelques pirogues voguées, établissant une liaison à voile entre la grande île et sa petite sœur, intemporelles et magnifiques. Une malgache d'une gentillesse infime gagnait sa vie en concevant des gâteaux et une sorte de poisson cuit dans du lait de coco, elle vendait le tout assorti d'un café au sucre roux et d'un sourire affable. On se sentait bien dans ses moments là, caressé par une douce brise que seul le tropical peut délivrer.

Puis le bateau toucha le quai, abattant son panneau de proue. Jep dont c'était la première vraie sortie, fit un grand dérapage pour monter le plan incliné du quai garni d'algues glissantes. Il avait appris le maniement de l'engin avec un jeune malgache sur l'allée bordant les terrains militaires du quartier de la glacière à Diégo. Seulement deux heures de formation avait été nécessaire c'était peu mais l'examinateur guère regardant avait validé le sésame.

Il s'élance sur le bitume pour sortir de la cohue portuaire. La route d'Ankify à Ambajy est une piste remplie de fondrière, à quarante kilomètres heure maximum il a l'impression d'être sur un engin à sensation de foire spectacle. Un bref contrôle de police le repose puis il se dirige sur la bonne route d'Ambilobe . Parvenu dans la cité du roi des Antakaranes il prend une collation de brochettes arrosées de boisson gazeuse à gout caramélisé. La deuxième étape semble plus aléatoire, un tout terrain veut faire la course et le talonne dans les lignes droites, surgit un creux masqué par un repli de goudron qui l'emmène à godiller quelques mètres. A l'arrière le quatre quatre rageur décroche à cause des virages jusqu'à ce qu'un pont provisoire, à l'attaque escarpée, se présente à la moto de Jep. Pris par l'élan le deux roues décolle à sa sortie, la fourche tape mais ne casse pas, le véhicule suiveur n'a pas la même chance et perd le spoiler, son chauffeur ne peut que constater les dégâts après un arrêt forcé. Le reste se poursuit en demandant une perpétuelle attention entre les serpents qui traversent paresseusement, les enfants joueurs, les bébés abandonnés à leurs divertissements au milieu du macadam, les zébus qui croisent paisiblement, ainsi que les poules toujours promptes à se jeter sous les roues à la dernière minute. La route se tord, à travers les cônes de volcans parsemés de végétation dense entrecoupés de vigoureux torrents. Pour finir elle se rigidifie, à l'image d'une flèche elle s'en va rejoindre la capitale du nord. Jep à l'arrivé ne sait plus s'il descend ou s'il tombe de sa moto, tellement ses articulations ont été sollicitées mais un massage traditionnel soignera les maux.

Dino en se rendant chez Bernard aperçoit Axel qui revient du marché :

- Incroyablé tou ne sé pas quesqué il m'est arrivé, qué oune filla mariée vienné à la maison pour la première fois pour faire l'amour. Qué une fois finit é m'achète le décodeur dé la télévision qué j'avais en plous. Ma qué ça change dé ces refoulées sexuelles de banlieue avec uné chiffon sour la tête.

Dino de conclure.

- Repère quand même la pharmacie de garde parce que tu vas en avoir besoin ! Vu qu'ici elles sont abonnées aux staphylocoques dorés à quatre vingt dix pour cent.

Le café exhale un puisant arome adoucit de vanille, Bernard rajoute une petite cuillère de sucre brun toujours surpris par ce plaisir que lui offre cette chose aussi simple. Peut être que pris dans un autre lieu, le breuvage ne détiendrait pas la même saveur. Dino savoure d'un claquement de langue, typique des malgaches appréciant un met.

- Alors tu m'as promis Libertalia.

Bernard se retourne,

- Voilà, voilà ça arrive.

Dino se pose sur le rocking-chair pendant que l'ancien professeur s'allonge dans son hamac, jambes croisées une main derrière la tête, une feuille de bananier pend sur le côté, la mer en toile de fond.

- Tu vois ! poursuit-il, juste en direction de ma main droite c'est vers là qu'ils jetaient leurs ancres. Quand les pirates qui sévissaient dans les caraïbes furent chassés par les marines anglaises et françaises toujours plus fortes. Ils y avaient plusieurs appellations, les boucaniers étaient sédentaires, ils fumaient la viande des animaux abattus, d'où leurs noms. Les flibustiers eux agissaient avec une lettre de mission d'un gouvernement, lettre qui servait en fait pour plusieurs autres attaques qu'ils mettaient à leurs comptes. Les forbans étaient des pirates typiques à l'inverse les corsaires détroussaient pour le compte du roi.

Chez les pirates une confrérie perdura un siècle, il s'agissait des « frères de la côte » elle écuma les caraïbes, franchit l'isthme du Panama pour sévir sur les côtes du Pacifique avant de revenir sur ses pas.

Mais pour plus de clarté je vais te laisser ces documents qui je crois ont pu appartenir à l'académie malgache écris par différents aventuriers de diverses nationalités.

Dino prend les quelques feuilles, sûrement dénicher dans une bibliothèque où Bernard à l'habitude de fouiner, et s'absorbe dans la lecture :

Déjà au XIV° siècle, l'Océan Indien était parcouru par des corsaires arabes et indiens qui rançonnaient et pillaient les navires de commerce.

Cependant, c'est seulement au milieu du XVI° siècle, après les voyages de Vasco de Gama qui leur avait ouvert la route, que les forbans européens osèrent se risquer délibérément dans ces parages encore peu connus. Une de leurs premières captures fut celle d'un navire de la flotte de Tristan de Cunha, effectuée dans le canal du Mozambique par un pirate français.

Madagascar n'était pas du reste le seul repaire dans l'Océan Indien. Il en existait un autre à l'entrée du détroit de Bab-El-Mandeb où ils venaient souvent mouiller, à l'abri des vents de mousson du Sud-Ouest . Une autre base importante d'opérations se trouvait entre Bombay et Goa avec une véritable place forte nommée Ghiria située sur un rocher semblable à Gibraltar. Cette forteresse était armée de deux cents canons (probablement Perin)

Ce serait une grave erreur de croire l'histoire de cette piraterie n'est qu'une suite de meurtres de vols et d'incendies. Des traits de bravoure voisinent avec des scènes de carnage et des cérémonies religieuses dans lesquelles les forbans affectaient la plus profonde piété succédaient parfois aux crises les plus épouvantables. Une discipline sévère régnait en général dans les compagnies des forbans. Voici, par exemple, un extrait des règlements que chaque pirate jurait de respecter :

1 - Chacun sera obligé d'obéir aux commandements des officiers. Le capitaine aura une portion et demie dans le butin. Le maître, le contremaître, le charpentier et le canonnier auront chacun une portion et un quart.

2 – Celui qui tâchera de se sauver ou qui révèlera quelque secret au préjudice de la Compagnie sera mis à terre dans quelque lieu inhabité et désert, sans autre provision qu'une bouteille d'eau et un fusil, de la poudre et du plomb.

3 – Celui qui volera la compagnie ou qui jouera la valeur d'une pièce de huit sera pareillement mis à terre comme ci-dessus ou sera arquebusé.

4 – S'il arrive que nous rencontrions quelques autres pirates, celui qui ne signera pas ces articles sera puni selon que le capitaine de la compagnie le trouvera à propos.

5- Celui qui maltraitera quelqu'un de la troupe, tant que ces articles auront force de loi, recevra la loi de Moïse. (Punition qui consistait rn quarante coups de corde que le patient recevait sur le dos).

6- Celui qui tirera ses armes ou fumera du tabac sans que la tête de pipe soit recouverte ou qui portera à fond de calle une chandelle allumée sans lanterne, subira le même châtiment que dans l'article précédent.

7 – Celui qui perdra quelque membre dans le combat recevra quatre cents pièces de huit, si c'est une jambe ou un bras, il aura huit cents pièces.

8- Si dans quelque vaisseau dont nous nous rendrons maîtres, il se trouve une femme d'honneur, celui qui la débauchera sera puni de mort.

9 – Celui qui emmènera une femme à bord en habit déguisé sera puni de mort.

10 – Les querelles qui naîtront parmi les pirates devront se terminer à terre par le pistolet ou par le sabre. Le quartier-maître a ordre de conduire les combattants au rivage, avec autant de monde qu'il juge nécessaire et parés les avoir postés à quelque distance l'u n de l'autre, le dos tourné, il donne un certain signal sur quoi les combattants se tournant lâchent leurs pistolets. Si personne n'est blessé, ils achèvent le combat avec le sabre et celui là est déclaré vainqueur qui blessera le premier son ennemi.

- 11 Il ne sera pas permis de parler de réparation avant qu'on n'ait profité de mille livres sterling par tête (règlement du groupe du capitaine Philips).

A tout prendre, ces pirates étaient des hommes. A ce titre, on retrouve dans leur histoire toutes les passions humaines, les bonnes comme les mauvaises mais exacerbées et poussées au paroxysme par la vie aventureuse qu'ils menaient sous la menace perpétuelle de la mort au combat ou de l'exécution par pendaison.

Ajoutons que ces pirates étaient parfois des femmes et certaines d'entres elles, méconnaissables sous des accoutrements masculins, ont commandé à l'insu des équipages des navires dont les exploits n'ont pas été parmi les moindres.

A Madagascar et dans les îles voisines, leurs traces se sont conservées dans la toponymie. La pointe à Larre sur la côte orientale a été ainsi baptisée du nom d'un pirate dont on ne possède malheureusement pas de précisions. Lîle aux forbans, annexe de l'île de Sainte Marie justifie son nom car elle servit longtemps d'abri à de nombreux pirates qui venaient y réparer leurs navires.

Dans l'immense baie de Diègo-Suarez dont les profondes échancrures pouvaient former de merveilleux repaires, le pirate français Misson dont l'histoire sera narrée plus loin, avait édifié l'extraordinaire cité de Libertalia à la place de Diègo, prototype des organisations républicaines et même communistes actuelles.

Mais c'est surtout la grande île qui était véritablement considérée comme une terre de prédilection. On y trouvait les vivres les plus variés, l'indigo, le bois d'ébène aussi dur que celui du Brésil et dont les Malgaches faisaient leurs manches de sagaies ; on y récoltait des gommes, du benzine, de l'aloès. Par contre, les hôtes extrêmement désagréables, lit-on dans un ouvrage, étaient les sauterelles qui fourmillaient déjà dans le pays ainsi que les crocodiles et les alligators qui peuplaient les rivières. D'une façon générale les forbans n'étaient pas redoutés des indigènes.

Si la ville de Libertalia disparut à la suite d'une attaque des autochtones, on doit à la vérité de reconnaître qu'à terre ils ne commettaient pas plus d'exactions que les équipages des navires réguliers qui venaient relâcher sur les côtes pour y « prendre des rafraîchissements ».Les indigènes comparaient leur conduite à celle des équipages de plusieurs vaisseaux européens qui s'étaient procurés plus d'une fois des approvisionnements par force, en exerçant des vexations inouïes, brûlant les villages ou les foudroyant de leur artillerie, lorsqu'ils trouvaient que les habitants ne mettaient pas assez de célérité pour leur procurer des bœufs, des poulets ou du riz.

Certains descendants des pirates héritèrent naturellement de la puissance de leurs pères. Ils furent connus sur la côte orientale sous le nom de Malates. C'est ainsi que le Prince Ratsimilaho, auquel on doit la fondation du royaume des Betsimisaraka (une des plus grandes ethnies de la côte Est), est un métis de l'anglais Tom-Tew, né en mil six cent quatre vingt quinze, il réunit sous son autorité les habitants de la côte entre Foulpointe et la baie d'Antongil, soumit ensuite ses voisins du Sud jusqu'à Tamatave et fut nommé roi des Betsimisaraka sous le nom de Razaromanompo.

Un certain nombre de Malgaches avaient aussi quelques rudiments d'anglais à la suite de leur commerce constant avec les pirates. Mais lorsque ceux-ci disparurent, leurs descendants métis se fondirent peu à peu dans la population indigène, la connaissance de l'anglais disparut et quand en mil sept cent soixante et un, l'astronome Le Gentil allant observer le passage de Vénus sur le soleil, dans les mers des Indes, toucha les côtes de l'île, il ne subsistait déjà qu'une tradition assez confuse sur les anciens forbans, l'usage de la langue anglaise avait complètement disparu, alors que les français était encore compris dans un certain nombre d'endroits.

L'histoire des forbans de Madagascar est dispersée dans plusieurs lieux nous allons essayer d'en résumé pour chacun la partie de sa biographie.

Les capitaines Georges Dew et Thomas Tew qui se trouvaient vers la même époque aux Bermudes avaient été munis d'une commission du Gouverneur de ces îles pour aller attaquer sur la côte occidentale d'Afrique le comptoir Français de Gorée. Leurs deux navires surpris par une tempête doivent se séparer et Georges Dew avec son bateau à demi désemparé, retourne aux Bermudes, tandis que Thomas Tew en qui dorment les instincts du pirate, oblique vers le sud, contourne le cap de Bonne Espérance et remonte ensuite en direction de la Mer Rouge. Vers le détroit de Bab-El-Mandeb, il se rend maître d'un vaisseau venant des Indes et sur lequel ne se trouvent pas moins de trois cents soldats. Le partage des marchandises rapporte à chaque pirate la jolie somme de trois mille livres sterling. Ceux-ci subitement enrichis et ne croyant pas devoir continuer leur existence aventureuse, se retirent à Madagascar pour y vivre en paix. Ils élisent domicile dans la baie d'Antongil où ils épousent des femmes du pays.

Thomas Tew que les malgaches appellent Tamo, s'unit à la princesse Ramena ; il a un fils Ratsimilaho qui fondera le royaume de Betsimisarka dont il a été question plus haut. C'est alors qu'au cours d'une croisière au Nord de Madagascar, il rencontre Misson qui le conduit à Libertalia. Il demeure quelques années mais après la ruine et l'abandon de la cité, il abandonne sa famille indigène et ses anciens compagnons pour retourner en Angleterre.

Le pirate Misson qui était issu d'une famille provençale, fait connaissance au cours d'un voyage à Naples, d'un prêtre italien Caraccioli, homme très ambitieux et dénué de scrupules. Les affinités de leurs caractères respectifs en font bientôt des amis inséparables et le goût des aventures les pousse à s'embarquer sur le vaisseau La Victoire qui se rend au Antilles. Au cours d'un combat contre les Anglais, les officiers sont tués et Misson prend le commandement en s'adjoignant Carracioli comme lieutenant. Dés ce moment, ils se livrèrent à la piraterie. Des Antilles, ils vont successivement à Cartagène puis sur la côte de la Guinée au Cap de

Bonne Espérance et arrivent à l'île d'Anjouan, combattant et pillant en cours de route tous ceux qu'ils rencontrent.

La reine d'Anjouan et son frère, alors en guerre contre le Sultan de Mohely, les accueillent avec plaisir voyant en eux les futurs alliés. Un traité se conclut effectivement cimenté par des unions matrimoniales. Misson épouse la sœur de la reine et Caraccioli la fille de son frère. Sur ces entrefaites une attaque du sultan de Mohely est repoussée avec des pertes sévères pour l'adversaire et les Ajouanais à leur tour, en guise de représailles, vont sous la conduite de Misson porter le carnage dans l'île ennemie. Les Mohéliens demandent la paix qui leur est accordée ; Misson et Cariaccioli se rendent pleins de confiance sur leur île, où ils tombent dans une embuscade et sont blessés ; quatre hommes de leur escorte restent sur le terrain. Les deux pirates peuvent cependant revenir à Anjouan.

Une fois rétablis et ne pouvant demeurer dans l'inaction ils partent en croisière sur la côte d'Afrique. Dix jours après le départ, ils capturent en face de Maputo un navire portugais de soixante canons, dans lequel ils trouvent plus de six millions de poudre d'or mais l'affaire avait été chaude et Cariaccioli avait perdu une jambe dans l'aventure. Retournés à Anjouan, ils y séjournent deux mois au cours desquels la blessure de Cariaccioli se cicatrise puis ils partent sur le « Bijou » qu'ils avaient capturé autrefois.

Ils arrivent ainsi dans la baie de Diégo-Suarez où ils sont séduits par la disposition des lieux qui se prêtent facilement à une mise en état de défense ainsi que par les facilités de vie qu'ils rencontrent. Ils décident aussitôt de s'installer et d'y créer une véritable vile pourvue de tous les organismes sociaux. C'est alors que commence une histoire aussi passionnante dans sa vérité historique qu'un scénario cinématographique.

Sur la demande de Misson retourné à Mohély, la reine d'Anjouan met à sa disposition trois cents hommes pour l'aider à construire la ville dont l'emplacement est situé au fond d'une anse. La population initiale se compose de quarante Français et Anglais, quinze Portugais capturés dans le canal du Mozambique et trois cents Comoriens . La ville à créer est baptisée Libertalia, le nom de Lihéri étant réservé à ses habitants, sans distinction de nationalité ou de couleur d'épiderme. L'entrée de la baie de Diégo-Suarez est mise en état de défense, au moyen de deux forts munis de canons pris au Portugais et la construction de la ville est entreprise.

Pendant qu'elle se poursuit, Misson effectue une deuxième croisière sur la côte de Zanzibar au large de Quiloa, il capture à l'abordage un navire portugais de cinquante canons, s'empare d'un important butin et fait prisonnier cent quatre vingt dix hommes de l'équipage mais au retour il se heurte à un sloop anglais commandé par le capitaine Tew avec soixante hommes d'équipage.

Le combat est sur le point de s'engager entre les deux groupes de forbans mais finalement un accord se conclut et Tew se joint à lui.

Lorsqu'il arrive, la construction de la ville est fort avancée, de nombreux champs sont labourés et ensemencés de maïs et même de blé. Les prisonniers portugais, d'autre part, sur les instances de Caraccioli ont consenti à faire cause commune avec les pirates et à se joindre à eux. Mais craignant une révolte d'une partie de ses prisonniers, Misson les renvoie au nombre de cent trente sept sur un navire qui a été approvisionné en vivres à leurs intention, seuls restent avec lui que des volontaires.

La ville internationale continue de se développer. Elle est organisée d'après les principes des socialistes et communistes. Toutes les prises sont versées au trésor commun. Un mode de gouvernement a été établi ; Misson est élu pour trois ans avec le titre de sa « Haute Exellence Le Conservateur ». Tew est « Amiral de la Flotte » et Cariaccioli joue le rôle de « Secrétaire d'Etat ». Les hommes les plus instruits, sans distinction de race ni de couleur, forment une sorte de conseil élu, à raison d'un homme par groupe de dix et (apprennent aux autres l'écriture et la lecture) . Ce conseil édicte des lois qui sont imprimées à usage des colons car Libertalia possède une imprimerie. On invente même un semblant de langage nouveau destiné à la compréhension des habitants de cette tour de Babel qui groupe dans un idéal commun :

Français , Malgache,Anglais, Hollandais, Portugais, Comoriens. Les indigènes du voisinage sont bien traités ; les esclaves des pirates ont même été libérés et habillés à l'Européenne. Cent Anjouanais seulement sur trois cents qui étaient venus pour Libertalia retournent aux Comores. Le « Bijou » qui les y conduit ramène à Madagascar dix hommes de l'équipage de Misson qui étaient demeurés à Anjouan où ils avaient déjà femme et enfants.

Tew part alors en expédition et rencontre vers le cap de Bonne Espérance une galère hollandaise dont il s'empare, puis sur la côte d'Anjouan il se rend maître d'un navire chargé de deux cent quarante esclaves auxquels conformément aux lois de Libertalia, il enlève leurs chaînes mais qu'il amène avec lui à Madagascar. Il effectue ensuite en quatre mois le périple de l'île.

Plus tard, Caraccioli se rend de son côté en croisière et s'empare d'un navire hollandais. Misson, à son tour va explorer avec les côtes de l'Arabie. Ils capturent un grand vaisseau qui allait à la Mecque avec mille six cents personnes à bord mais se contentent de garder pour leur colonie une centaine de filles et femmes, se débarrassant des autres passagers qu'ils débarquent à Aden. Quelques temps après leur retour à Madagascar, un de leurs sloops qui étaient en croisière est pris en chasse par les Portugais qui tentent avec cinq navires de forcer l'entrée de la baie. Accueillis par les batteries des forts et les canons des autres bateaux de pirates , ils doivent se retirer non sans avoir perdu deux bâtiments. Misson les poursuit et parvint à s'emparer d'u n troisième vaisseau. Les vaincus sont traités avec humanité. Mais la jeune colonie à toujours besoin de bras nouveaux. Aussi « La Victoire » est-elle armée une fois encore pour une croisière destinée à faire des prisonniers aux dépens de la Compagnie Anglaise des Indes et les transformer en colons. Elle est garnie de trois cents hommes d'équipage et Tew en prend le commandement. Avant de gagner la haute mer, il veut pourtant aller revoir ses anciens compagnons. Pendant qu'il se trouve avec eux, une tempête se lève qui jette « La victoire » sur les rochers où elle se brise. Au bout de quatre mois il est enfin secouru par Misson. Celui- ci apprend que, sans provocation de la part des colons, deux troupes Malgaches les ont surpris en pleine nuit et ont fait un horrible carnage. Caraccioli a été tué au cours de l'affaire. Libertalia a disparu en même temps que tous les rêves d'utopie enfermés dans son nom. Tew rentre alors en Amérique avec sa part de richesse qui a pu être sauvée. Quant à Misson, qui veut regagner la France, il périt dans un ouragan aux larges du Cap Impastel.

Bernard intervient,

- Et oui, Misson avait lu Rousseau mais ne connaissait pas le Traité de l'Autorité Politique de Spinoza que les Anglo-Saxons ont eux appliqué à la lettre dans leurs colonies d'Amérique et d'Australie. C'est-à-dire le déplacement ou l'extermination des populations locales afin de leur ôter la mémoire du lieu. Les Romains pratiqués déjà ainsi et les Chinois idem ce qui a provoqué le peuplement de Madagascar avec les Indonésiens qui fuyaient l'envahisseur, sinon tôt ou tard chaque implantation est vouée à l'échec.

Les documents se terminent par cette conclusion :

Les marins du « Bounty » ont bien peuplé l'île Pitcairn et sont devenus des fidèles sujets de la Couronne d'Angleterre, dont les descendants représentent cette île lors des manifestations royales à Londres.

Dino repousse Kelly kelly qui essaie d'enfoncer ses petits doigts dans son oreille

- Ah si je pouvais posséder un centième de l'or des pirates ou de Mortages soupire Dino.

- Un ange passe, coiffé d'un chapeau à trois coins, ainsi Bernard modère son jeune ami, ne te fais pas posséder par ton imagination, vie l'instant et contentons nous des rayons dorés du soleil.

*

Dino rend visite à un ami gardien du club de gymnastique et resalue Axel, l'italien charmeur, une vieille connaissance qu'il rencontre fréquemment. Grand, brun les yeux verts, né d'une famille riche, son père l'a expédié à l'autre bout du monde pour qu'il rompe avec la cocaïne. Il fait un carton avec la gent féminine.

- Ma qué tou as raison, les meilleures femmes sont celles des vazahas, j'ai déjà baisé toutes celles de la rue Colbert.

- Et celle là ! Désigne un partenaire d'entrainement, une métisse des hauts plateaux, gérante du magasin de son mari.

- Ah c'est fait depoui longtemps ! Tou passe una fois, do fois, dix fois même, tou louio donnes des fleurs et après ça marche. Ma qué moi, je n'ai jamais ou dé problèmes avec les femmes. Dans mon pays elle m'appelle nouméro ouno, porque j'ai toujours d é l'argent dans la poche droite et dé la cocaïne dans la gauche ! Figué ! Qué les duchesses yé lé traite como des poutes et les poutes yé les traites como des douchesses. Figué !

Axel pronoce toujours « figué » ou « corno de dios », il les soupoudre ça et là le long de ses nombreux discours.

- Ma qué tou sais ici, tou as raison, les hommes ne connaissent pas les femmes. Ils se mettent avec et après elles vont voir leurs djombilaïs ! Cornouto ! Qué des fois ces djombilaïs, ont ouna vie dangereuse, il ya trois jours , on en a retrouvé un poignardé pendant un concert, c'était le couisinier d'oune femme blanche.

Tout en tournant son corps à toute vitesse un bâton sur les épaules, Jep l'apostrophe.

- Arrête de pivoter debout, assied toi, sinon tu vas vendre tes vertèbres dans un an et on va t'installer sur le toit pour faire la girouette.

- Porque, ce n'est pas bon ?.

- Non , assied toi.

- Mais que tu vois, je veux rentrer en Italie impéccable, sans lé ventré, bronzé, en formé.

- Je pense que tu manges trop de sel, tu dois faire de la rétention d'eau.

-Ma tou dis la vérité ! Ma j'arrête le sel tout de suite. Ma je ne le savais pas.

Et de poursuivre :

- Ah, hier soir j'ai emmené Sandra. Elle a gagné beaucoup d'argent cette semaine, en faisant croire à un patron d'hôtel qu'elle allait coultiver les légumes à Joffreville, il a avancé les fonds. Et comme il loui a dit qu'il achèterait sa production, elle se rendra au marché prendré quatre salades pour loui revendre ainsi au bout d'oun mois, elle racontera que son exploitation a été pillée. Ma elle est gentille. Porqué dios !

- Pas gentille , sympathique ! Quand elle était au resto avec son ancien amant, elle faisait le cinéma en lui disant « Ouh ! celui là il ne fait que m'observer » et elle invertissait les places. Ce qui déclenchait la phase fatidique de son compagnon « Celle là, elle n'est pas comme les autres ». Le début de la fin.

- Mais tu as vou Samedi les mariages, tous ces fous qui klaxonnent dans la rue Colbert. Douze qui sont passés devant monsieur le Maire. Il y avait Amela ! Ma qué je l'ai baisé la veille et elle m'a invité le lendemain, je me soui fait passer pour l'amant de sa copine ! Figué ! Au repas j'étais assis en face de son Mari ! Cornouto.

- Et tu as bien mangé ?

- Ma, il n'y avait plus rien, je soui arrivé à houit heures et qué ils avaient déjà tout finit. Même ouné femme qui mettait la nourriture dans son sac à main ! Après je souis allé voir Lydi, ouna tête como la reine de Saba et ouno cou como do ballonés de basket. Elle a fait cambrioler sa maison par son djombilaï pour dérober trois mille euros du coffre de son mari.

- Belle et dangeureuse !

- Si, ouna dé plou belle avec Osna ! Ma qué Osna déjà marié avec ouno Italiéné. Loui est malin, dés qu'elle sort en Italie, il la fait accompagner par sœur sicilienne. Elle ne peut pas bouger une oreille. Figué !

- Demain tu vois Priska ?

- Ah oui, ma qué belle métisse karane ! La dernière fois j'étais au restauranté avec uno ami, porco dio ! Elle assise face à son mari je loui ai fait sonné son portable en inconnu. Mais qu'ils y avaient tous les clientés dou restaurante qui avaient baisés avec elle ! Cornouto dé mari imbécile.

- Et puis il y a une autre Priska, Priska maillot de bain.

- Ah elle c'est encore mieux, qué elle a un corps como una guitare ! Qué dans un bar, elle, à côté de son copain client. Elle lui dit « mon cœur je vais aux toilettes ». Après son djombilaî malgache l'a baisée dans les wc puis elle est revenue à la table et le cornouto de lui dire « boit ton verre mon cœur, il va être chaud ».

- Effectivement, moralité, il ne faut pas aller au restaurant avec les filles ici.

- Même ! Vois celui qui a acheté uno bar restaurant à l'ancienne serveuse d'un grand café de la rue Colbert.

- Et bien quoi ! Axel se passe la main dans les cheveux pour relever une mèche rebelle et reprend.

- Qu'elle l'a mis dehors, sans être propriétaire du fond dé commerce ! Loui il a porté plainte et la juge loui a dit mais c'est quoi votre pays c'est la Nance ? et bien rentrez-y !

- Il ne faut jamais rien acheter à l'étranger car tu deviens vite expulsable et quand tu arrives à l'aéroport. Chez toi, tu pleures devant la caméra en disant : « on a tout perdu ».

- C'est identique quand tou prêtes, il y a un vazaha pendant trois ans, il est parti à la pêche avec Rim un malgache de Tana. Un jour il loui a demandé de lui faire crédit de dix mille € pour monter une affaire, qu'il loui rembourse dans trois jours, porque la banque est fermée pour cause de long week-end. Le vazaha en confiance loui fait l'avance et quand il loui demande le remboursement, devine ? Rim lui a dit va te faire encouler.

- Incroyable que des gens prêtent à d'autres et que d'autres ne remboursent pas leurs amis.

Axel pédale toujours sur sa machine de cardio-training, le pictogramme, indiquant les minutes, défile plus lentement, les appareils de cardiologie détiennent souvent cette particularité, il continue pourtant sa conversation.

- Ma ce n'est pas tout ! Lé soir même, la femme de Rim appelle le vazaha et loui dit, tou sais, yé né souis pas d'accord avec les méthodes de Rim, d'ailleurs on s'est séparé. En ce moment je m'apprête à dormir chez ma tante, est ce que tu accepterais de me garder une valise de vêtements, porqué la maisoné dé ma tata est trop pétité.

Axel continue son histoire après une brève inspiration, le visage apoplectique.

- L'autro bonné pomme, loui dit oui et que madame va porter sa valise en le remerciant. Lé lendemain à six heures : Toc, toc, policé ! Le vazaha sourpris va ouvrir. Monsieur, vous êtes en état d'arrestation, vous avez cambriolé cette dame et volé ses habits... Qué una ange passe les bras chargés de dentelles. Attendez, loui dit le type, j'ai soixante ans et jé né porte pas des bas et des chaussures à talon aiguilles, d'accord ! Asseyez vous oune minuté monsieur l'inspecteur jé vais vous relater la véritable version des faits . Bon finalement l'inspectoré s'est rendu à l'évidence, heureusement pour le vazaha, figué !

- Je vois bien la file dont tu veux parler, elle s'appelle, Thérèse, sa copine a réussi à se faire offrir une maison et un véhicule tout terrain de marque allemande par un trou du cul. Cette ville est un véritable aéroclub avec le nombre de planeurs qui y vivent.

- A mais tou as raison qu'ils nous emmerdent avec leurs quatre quatre, fier d'être assis dans leur fiente. Il monte oun commerce mais ne sont jamais dedans et après il se plaigne que ça ne marche pas. Mais pour faire les beaux, là qu'ils sont fortés. Pourtant quand la police passe ils font comme les poutes avec leurs maquereaux, ils donnent quatre cent euros pour ouné manifestation hypothétique, tantôt c'est le commissariat, oune fois pour les forces d'intervention, l'autre pour la brigade spécialée, et encore pour la territoriale etc…porqué dios !

Axel est lancé sa diatribe continue enflammée par l'entrée dans la salle de gymnastique d'une jeune femme gérante d'une location de voiture.

- Ah celle-là, elle a plous de djombilaï qué de bagués. Quand elle va en boîte , elle a l'attitoude internationale des filles. Elle repére qui est belle pour pouvoir sé sitouer et adopter un coumportement avec les mecs. Si c'est elle la plou belle, elle fait la star, si d'autrés sont mieux, elle la joue gentillé. Cet après-midi je l'ai voue sur un scooter derrièré son mec mais ce soir elle va baiser avec un autré de la gymnastique. Et son mari qué loui envoi encore de l'argent parcequé elle n'y a pas de clients et qué cé sont les mecs avec qui elle couche qui se servent des voitoures gratouitement. Porco dios !

*

Jep qui a fini sa séance, regagne tranquillement son domicile quand il est arrêté par le gardien d'un copain qui lui apprend une terrible nouvelle. Son ami et ancien voisin viens de mourir dans des circonstances bizarres alors qu'il l'avait aperçu jouer à la pétanque la veille.

Nombre de personnes penchent pour la thèse de l'empoisonnement, vu l'état de son abdomen gonflé de couleur verte, les mobiles ne manquent pas, prêt de vingt cinq mille euros à un Karane, disputes à répétition avec sa copine qui ne voulait pas se séparer du mobilier.

Auparavant il avait survécu à un naufrage dans la mer d'émeraude où trois de ses amis avaient péris, dont un sous ses yeux. Patrick avait pu regagner le rivage, se hissant péniblement sur les rochers découpés et battus par les flots, une jeune fille malgache rescapée, l'accompagnait.

Il observe, impuissant, les dernières brasses d'un ami qui coule à pic. Les flots tumultueux l'empêchent d'intervenir. Alors il se retourne et part en prenant la jeune fille par l'épaule. Deux pauvres erres seul au monde dans cette lande déserte brûlée et torturée de soleil en direction de la passe face au village de Raména. Seulement le chemin est long sur les pierres surchauffées et coupantes. Plus encore quand on se retrouve sans chaussure et dévêtu. L'environnement devient un piège.

La nuit les saisie, point de vivre ni boisson, Patrick prend une décision contraignante, après une longue réflexion et surmontant son dégoût il ingurgite sa propre urine. Il se cale à s'incruster dans un rocher qui réfracte la chaleur du jour. La pauvre fille quant à elle est logée à la même enseigne. Le sommeil est impossible à trouver après cette journée cauchemardesque, les images horribles remontent et ils ont le mirage d'entendre les voix de leurs amis morts les appeler. La nuit donne l'impression de ne jamais vouloir finir. Mille tracas s'annoncent avec les nombreux insectes attirés par la tiédeur de leurs corps qui se mettent patiemment en quête de nourriture. Inlassablement de leurs nombreuses pattes griffues, ils courent sur la peau des pauvres naufragés malgré la main qui les chasse frissonnante de dégoût. Enfin quelques étoiles finissent par s'estomper et le jour embrase violemment l'horizon mettant un terme à l'angoisse. Patrick la bouche gonflée de soif et l'épiderme fendu par le sel décide de se séparer. Il prendra la côte, sur son flanc océanique tandis que la jeune femme se dirigera sur le rivage de la baie avec en point de mire le village de Raména qui est séparé par un plan d'eau. Ils se trouvent sur un isthme qui finit à l'entrée du détroit. Infinité du temps, les heures ardentes de marches sur un minéral calciné sont exténuantes.

Après une durée insondable de déambulation sur les crêtes, Patrick perçoit un bruit provenant d'un petit ravin. Il le dévale titubant se heurtant aux parois acerbes, la pente aboutit sur une petite plage. Il trébuche sur un rocher affleurant le sable. Son corps choit lourdement sur une épaule qu'il maintenait de sa main opposée suite à un traumatisme subit auparavant. Son visage se relève, des grains de sables brouillent sa vue et du sang coule dans sa bouche. Sa langue s'est fendue après le choc mais son cœur saute dans sa cage thoracique. Il n'a jamais était aussi heureux d'apercevoir une pirogue malgache et qui dit embarcation dit pêcheurs. D'ailleurs ceux-ci ne sont pas loin. Il leurs conte son odyssée et nul besoin de les prier pour qu'ils le raccompagnent au petit port de pêche. La solidarité de l'humain dans l'adversité fait le reste.

A peu prés au même instant, avec un peu d'avance, sa compagne d'infortune a elle aussi trouvée des pêcheurs qui l'ont escortée jusqu'au village. Quant Patrick enfin touche le quai vers midi, soit trente six heures après la catastrophe, il s'effondre et pleure comme un enfant, toute la foule assemblée respecte son chagrin. Puis la vie reprend son cours, il a fait face, c'était un leader naturel, toujours prompt à organiser des festivités, la mort l'a surpris dans un lieu civilisé, rajoutant une victime supplémentaire sur la longue liste des morts étranges à Diégo.

Ses amis se sont recueillis sur sa dépouille dans un lieu de service public, houspillés par une petite conne d'employée éthylique, clope au bec qui marmonne ;

- Eh là, vous foutez pas le bordel ici.

Comme si c'était le lieu et l'intention de ses proches. Il méritait mieux comme oraison.

*

Jep décontenancé par cet événement, poursuit ses courses, notamment en quête d'essence, car depuis trois jours les pompes sont vides. Il voit Gerson prés d'une station service qui fait aussi gare de taxi-brousse. Dans une pagaille sans nom, les volailles se mélangent à l'humain et les rabatteurs s'entredéchirent. Gerson toujours en sourire lui apprend qu'il effectue un ouvrage pour un vazaha, surnommé Baobab à cornes, possédant une entreprise de location de buggys.

Le cocasse de l'anecdote est que le personnage se croit important, de par l'argent gagner en héritage. Toujours pérorant, souvent odieux, généreux pour affirmer sa puissance financière, il pense être le seul à coucher avec sa copine. Or celle-ci ne se prive pas d'entretenir un jeune étudiant tout en sautant sur quelques touristes ou pour partir à Nosy-Bé avec Axel quand son copain est à l'étranger. Un jour le lascar décide de se marier au grand désespoir de ses amis. Excédé, il les somme de lui prouver l'infidélité de sa future épouse. Pourtant, un proche prenant son courage à deux mains plus une prothèse, lui conte dans le menu détail, pendant un repas, les particularités intimes de sa copine. Electrocuté par les révélations, le pauvre Baobab laisse choir sa tête dans son plat de soupe chinoise. Revenu à ses esprits et un vermicelle encore accroché à son sourcil, il annule sur le champ son mariage. Plusieurs mois se passent, il effectue quelques déplacements à l'étranger puis recontacte son ancienne ex future femme. Quelques mails, un voyage et les voilà de nouveau réunis mais cette fois ci dans la grande salle de la mairie. Elle en grande robe de voile blanc qui tranche sur sa peau sombre et lui coincé dans son costume. La galère ne fait que commencer. La maison de la belle mère brûle, il faut alors refinancer sa construction, puis la pauvre femme tombe malade et quelques appels de fonds son nécessaire. Ensuite, l'emploi d'une gouvernante s'avère nécessaire pour élever les frères et sœurs. Durant un de ces séjours, Baobab se disloque quelques synapses et file un coup de tronche à un touriste puis bouscule violemment un autre vazaha. Un dépôt de plainte s'en suit. Ce qui induit un départ précipité par les pistes de la Montagne des Français, pour éviter le barrage fixe de la police à la sortie de Diègo. Un notable de Tana le récupère sur la route nationale quarante kilomètres plus au sud, pour l'emmener à bord de son quatre quatre, jusqu'à l'aéroport de la capitale. L'interdiction de sortie du territoire n'étant pas encore prononcée, il peut regagner l'étranger. Ces ennuis ne sont pas finit, ayant vendu son entreprise à perte de cent mille euros, les acquéreurs voient débouler les agents du fisc qui réclament environ deux cents mille euros de droit de douanes, les buggys ayant été déclarés comme matériel agricole ou pièces détachées. Les nouveaux entrepreneurs tombent des nues et expliquent les faits aux inspecteurs. Une procédure est alors engagée, afin de saisir Baobab, lorsque celui-ci reviendra.

Deux années défilent et l'enragé retourne, il n'a pas encore perdu assez d'argent en payant pense certains. Il veut monter une location de motoculteur japonais. Il fait chaud sur Diègo et notre homme apprécie la climatisation dans le bureau du concessionnaire. Après quelques tapes sur l'épaule, le gérant lui affirme qu'il effectue l'affaire du siècle naissant. Les mois s'étirent et les quatre vingt dix mille euros investis ne s'amortissent pas, fâcheusement les réparations cannibalisent les rentrées fiduciaires. Pire ses employés, prétextant des pannes subites lui suggèrent d'acheter des pièces détachées, pneus et huile à moitié prix, qu'ils font venir de Dubaï par d'obscurs intermédiaires. En fait, ils les font disparaître de son stock pour les lui revendre.

Mais il veut encore plus de soucis, le pompon parvient un soir de festivité. Le couple, ivre de quelques danses, décide de rentrer après un copieux repas. Dormant du sommeil du juste, Baobab tend sa main droite en direction de sa partenaire dans un geste machinal d'affection. Les carpes, les métacarpes puis la paume touchent le drap vide, le bras s'agite un peu plus rapidement dans un mouvement de bas en haut pour rencontrer le néant. L'information remonte au cortex qui impulse électriquement l'ouverture de l'œil, ainsi que celle de la bouche qui s'arrondit parfaitement. La voix mécaniquement appelle la dulcinée, sans plus de résultat. Pourtant le cerveau envoie les jambes à la recherche de l'épouse volage pour se rendre à l'évidence. Celle-ci à découcher pendant le lourd abandon de son mari. Celui-ci, maintenant bien réveillé l'attend dans la cuisine, les sens en ébullitions, tout s'entrechoque, le passé, l'avenir, un mur de béton ceint son psyché.

Elle arrive pourtant, la porte s'ouvre avec douceur, une ombre légère se faufile à l'intérieur, aussitôt happé par une main vengeresse tandis que l'autre s'abat par deux fois sur la figure de l'infidèle. Après quoi, il quitte la maison et s'en va dormir dans l'atelier d'un ami pendant trois jours pour cacher sa honte. Mais il se remettra avec. Le choix de la souffrance comme bien de ses semblables, afin de colmater tant que se peut l'affection manquante.

*

Dino est loin de ces préoccupations, allongé dans son pousse il récupère de quelques courses harassantes, Kelly kelly saute sur son ventre comme une marionnette en folie montée sur ressorts. Le jeune pousse a bien observé la vie des vazahas mais s'interroge sur cette capacité de nostalgie romantique. Lors d'un voyage sportif dans un pays étranger, il a été interpellé par le côté moins épanoui de la population pourtant majoritairement d'origine africaine. Inlassablement il compare les deux sociétés qui se chevauchent mais ne se mélange guère. Comment les malgaches qui vivent dans des cases de lataniers se fendent-ils de sourire tout au long de la journée et pourquoi les noirs accédant aux biens matériels ont-ils le visage rébarbatif et absorbé des vazahas ?

Posséder rend il anxieux ? Surement la peur de perdre l'acquit mais est ce suffisant pour expliquer cette déprime sociétale qu'il sent percer du monde occidental ? Ces habitants de sociétés consuméristes ne seraient-ils pas trop éloignés du réel ? En fait de la vraie vie. La technologie écarte le contact, la communication électronique et mécanique n'est pas une communication tactile. La complicité qui se noue avec le petit vendeur du marché est absente du net, la voix au téléphone n'a pas de présence, le micro-onde n'a pas d'odeur et ne possède pas la sympathie d'une marmite sur le charbon de bois. Ici, la douceur du climat pousse les gens à vivre dehors, ils n'ont pas à rentrer la tête dans les épaules neuf mois sur douze comme dans les brumeux pays du nord.

Quand Dino se déplace, tous les cinquante à cent mètres, il échange un bonjour ou entame un dialogue plus long avec une personne connue ; ces dialogues continus renforcent le sentiment d'appartenance cher à Maslow, évitant de s'allonger sur un divan plus tard. Il se voit révélant ce genre de réflexion à un vazaha qui lui rendrait un petit sourire supérieur pour toute réponse.

Bah ! Se dit-il en s'étirant, qui est ce qui va acheter les antidépresseurs, les anxiolytiques et les somnifères à la pharmacie ? Le secret de mon bonheur, songe-t-il, je profite du présent... demain n'existe pas.

C'est peut-être là, la plus grande différence entre l'Afrique et l'Occident.

*

D'une claque sur le pousse, Jep réveille Dino.

- Arrête de pioncer, Gerson te demande porter des boissons pour le match.

Le plus renfrogné de cette sieste interrompue est le petit lémurien qui va s'enfouir sous un tas de chiffon posé dans la carriole. Puis l'entraîneur prend la direction du stade accompagné d'Axel qui l'escorte pour se changer les idées.

- Tou vois, jé souis oun dragueur mais pas oun encoulé, figué ! Qué cette fillé ne mérite pas d'éxister. Il poursuit son édifiante histoire dont personne ne se doutait.

Dans la rue des bijoutiers en effectuant une course, Axel croise une somptueuse créature comme on en voit qu'une tous les cinq ans. Des yeux malicieux surmontent un petit nez retroussé, remplissant un visage parfait, l'ensemble est agrémenté d'un foulard comportant une chute arrière qui évoque une chevelure épanouie, des seins lourds dont les pointes percent le tissus de la robe, la silhouette est élancée.

Axel gare sa moto et attend sa sortie de la bijouterie malheureusement il manque de vivacité et la belle a le temps de traverser pour rentrer dans une autre. Point pressé, il emboîte le même parcours et devise quelques instants avec un vigile qu'il connait bien, l'attente se prolonge, ses copines ont repéré le manège mais la belle finie par sortir. Il l'a suit pour la dépasser et l'aborder de face, les femmes ayant horreur de se faire interpeller de dos.

- Bonjour, il me semble vous connaîtrer.

- Ca m'étonnerai je ne suis pas d'ici.

- Mais jé crois qué vous avoir aperçou au Nouvel Hôtel.

- C'est exact, j'y ai fait un bref passage.

- Je m'appelle Axel, jé dois faire quelques courses ourgentés mais j'aimerais bien avoir votré nouméro dé téléphoné et votro prénom pour discouter oun peu plou tard vers vingt heures.

En souriant d'un regard qui le voit venir elle répond .

- Entendu, je vous le laisse. Mon nom est Faboa.

Reparti sur sa moto en évitant un taxi qui manque de le couper en deux, Axel se dit qu'il ne faut pas attendre vingt heures sinon un autre lascar vas la kidnapper. Une bombe pareille dans cette ville va vite trouver un détonateur.

Arrivé chez lui il contacte la sublime créature.

- Tou voi, yé fini ce qué je devais faire avant l'heure , si tou es d'accord en peut se voir maintenant.

- Mais pourquoi as-tu changé d'avis.

- Je viens de te le dire mes rendez-vous se sont accélérés.

- Bon d'accord je te laisse mon adresse mais donne moi trente minutes pour me préparer.

Axel brule son temps en jouant avec un solitaire composer de pierres semi précieuses lorsque vingt minutes se sont écoulées, il saute à pied joint sur les carreaux et s'en va enfourcher son véhicule. Il perd un peu de temps sur place pour repérer le lieu de la maison et recontacte la jeune fille.

- Mais que je ne trouve pas.

- Bon tu connais le magasin Brico en vrac.

- Oui.

- Je t'attends devant.

Deux minutes plus tard, il débouche dans la bonne rue et là subit un petit choc à l'épigastre. Elle est bien présente, coiffure façon reine de RnB, la poitrine tire son corps en avant à la limite de rompre le fragile équilibre de ses pieds juchés sur de fines chaussures ponctuant des jambes parfaites.

Autour c'est l'émeute, les pousses la sifflent, les taxis multiplient les invectives et les passants se fendent tous de propositions malhonnêtes.

Axel se range sur le trottoir et lui jette.

- Monte vité qué il va y avoir oune carambolagé, il enchaîne par une interrogation, mais que tou as oun coiffeur Français.

- Non , je prends des modèles sur internet et le montre à ma coiffeuse.

- Ah tou es maline.

La moto les conduit jusqu'au domicile d'Axel où il ouvre le portail puis fait taire le chien et pénètre dans le living en invitant Fabao à le suivre. Leurs corps se frôlent, d'un seul coup l'air se charge d'électricité fusionnelle, il s'embrasse violemment ivre de désir. Le couple tangue jusqu'à la chambre et s'ensuit une heure échevelée. Axel reprend la parole.

- Bon écoute, yé vais faire oune chosa qu é jé né jamais faîtes, on va se revoir ce soir si tou veux, maintenant je dois aller à la gym porqué j'ai promis à oun ami d'y être.

-Mais ce soir tu ne vas pas me rappeler.

- Jé té le promets.

Deux heures se passent, Axel revient chez lui reprend une douche lorsque son portable émet un couinement annonçant un sms : « suis désolé pour ce soir, ma tante fête son anniversaire de mariage et m'a avertie en dernière minutes ».

Bordel dé merdé pense Axel, comme s'il elle ne savait pas qué sa tante faisait son anniversaire, c'est oun prétexte. Pragmatique il fait une réponse lui proposant un rendez vous après la fête. Pas de réponse et le portable reste muet tout le restant de la nuit. Dans la matinée une rafale d'appels secoues le téléphone, pourtant Axel s'applique à ne pas répondre, un message s'inscrit avec un début de phrase classique : « Je ne suis pas comme les autres, quand tu auras fini de ma faire la tête rappelle moi ».

Axel doit rentrer en Italie dans quelques jours et elle sur Vohémar à peu prés au même date. Il se dit qu'il ne la reverra jamais et peut être devrait il mettre un peu de sa fierté sur l'étagère de la chambre. Alors il rappelle et redonne rendez vous. La première erreur se dessine, les relations sont conformes au tir à l'arc, un demi-millimètre d'écart à la propulsion fait louper la cible à l'arrivée. Plusieurs jours de sorties torrides s'en suivent pourtant émaillé d'un incident notoire lorsqu'il rend une visite de courtoisie à une connaissance.

Tous les deux sont à cheval sur un quad quand Faboa lui tape sur l'épaule en pouffant.

- Il y a un monsieur tout nu à la fenêtre, souffle t elle.

Axel cherche des yeux vainement un corps humain mais n'aperçoit rien.

- Là au dessus.

Effectivement appuyé à la rambarde de la terrasse les surplombant, celui que l'on surnomme Momo le blaireau ou Cyrano à cause de son appendice nasal est vêtu d'une simple serviette façon pagne. Dés que l'on relève la tête l'horizon se trouve encombré d'une paire de testicules. Axel s'exclame.

- Ah mais , c'est Momo lé mytho. Tiens en s'adressant à la patronne des lieux, tou as un locataire qui fait des aérationnées sexouelles.

La propriétaire est vraiment contrariée, ils échangent quelques considérations d'usages et Axel se retire.

En chemin pour une sortie quad, Faboa au bout d'une heure de piste avoue à Axel, tu sais il m'a montré son sexe de sa chambre avant d'aller sur la terrasse accompagner d'un geste de la main m'invitant à le rejoindre.

Axel freine.

- Quoi, mais je vais retourner loui éclater la tête à cet abrouti.

Il réfléchit qu'il n'a pas assez d'essence pour effectuer l'aller retour. Il se raisonne en se disant qu'il trouvera une occasion de rendre la monnaie de la pièce. La journée se déroule idyllique sauf en fin d'après midi quand ils prennent un bain à Ramena. Une horde de mâles en rut converge vers eux en faisant leurs ablutions, les deux partenaires ressortent en ayant l'impression d'avoir pris un bain à Bénares.

La route dans un panorama grandiose serpente au pied de la montagne des Français avec à sa droite le pain de sucre. La balade a été complète, commencée par les Trois Baies, la plage de Sakalava n'était pas encore polluée par les « kiteux ». Le chemin sablonneux, cordon ombragé de flore endémique, les mena jusqu'à la Baie des dunes, immense de sable blanc frangées de filaos lymphatiques. Plus loin, un canon sentinelle surmonte une fortification désuète gardienne de la passe prolongé sur sa gauche par la crique d'Orangéa et ses constructions maintenant délabrées de la légion étrangère.

Le dernier jour de la romance arrive, le lendemain allongé sur le lit , Axel se détend, un petit gecko collé au plafond attend son repas du soir en forme de moustique.

Faboa à ses côtés dans la même position promène une main nonchalante sur sa poitrine obusive.

- Tu sais ! lance-t-elle, ce matin je suis allée à la résidence où il y avait Momo le blaireau, rencontré une connaissance qui travaille pour une ONG que j'ai connu à Vohémar.

Le corps d'Axel se tend, il réfléchit à neurones redoublées, sa moto est coincée par la voiture d'un ami dans le jardin et l'heure tardive rend les taxis aléatoires, donc mettre la fille dehors n'est pas très convenable, de toutes façons demain il sera parti.

Voyant la réaction de son partenaire, elle poursuit.

- Mais je te raconte ça, pour que tu me fasses confiance, il ne s'est rien passé avec ce copain.

- Mais je m'en fiche, qu'il se soit passé quelques choses, c'est le lieu qui m'énerve après l'incident qu'il y a eut avec le mytho. Tou peut aller faire des pipes où tou veux mais pas là bas. Fais ta vie mais né mé fasse pas pour uno abrouti. Moi j'ai été correct avec toi.

Le lendemain voit le vol d'air Madagascar arracher le playboy italien. Le choc de l'hiver occidental le cueille de plein fouet, temps gris, visage gris, vêtement gris, tête engoncée dans les épaules, une désagréable impression de se retrouver dans un puits sans perspective d'avenir. Comment ces gens peuvent-ils rester sur ce lieu, lui pourtant n'est quand transit pour Rome. Ceux qui travaillent d'accord pense-t-il mais les chômeurs, les retraités, pourquoi ne partent ils pas. Ils vivent sur un mythe, mensonge du on est mieux ici qu'ailleurs, il n'y a pas plus beau pays du monde (surtout pour ceux qui n'en sont jamais sorti), nous habitons une belle région (tu parles dix mois d'hiver et de flotte dans le nord et huit dans le sud), facticité des publicités de monospaces garni du couple idéal avec deux enfants radieux, bizarre ce cliché redondant, un garçon et une fille, ils doivent les acheter par correspondance. Mensonge de pays vainqueur ou de choix électifs, démocraties bafouées régulièrement par une néo-oligarchie de commissaires non élus. Pourquoi avoir une vie logique tout une existence pour se planter régulièrement. Ce qui compte ce n'est pas d'avoir raison en permanence contre tout le monde pour flatter son égo mais de détenir la déduction juste au bon instant et surtout à l'occurrence du choix de vie.

Axel passe des fêtes de fin d'année traditionnelles puisqu'elles célèbrent l'allongement des jours à partir du vingt cinq décembre, d'ailleurs l'emblème depuis des milliers d'année en est le sapin car c'est le seul arbre qui reste vert dans les forêts. Les celtes le garnissaient de pommes par superstition pour avoir des récoltes futures abondantes. La pomme en ces temps immémoriaux était l'unique fruit qui se conservait l'hiver, elles sont remplacées aujourd'hui comme tout le monde le sait par des boules colorées. Ce n'est donc pas une tradition venue de l'épicentre du jobardisme mondial, en sus, le barbu escorté de ses hippies camés de shit qui l'apercevaient marcher sur l'eau n'était pas né ce jour là. Par la suite un fabricant de boisson aux extraits végétaux inventa un autre barbu à l'effigie de ses couleurs, rouges et blanches, pour le plus grand bonheur des marchands du temple.

Axel reçoit quelques textos de Faboa. Il pense pour lui-même que revenu à Madagascar il mettra un terme à cette relation. Après une dernière tournée familiale ou chacun lui demande de conter quelques anecdotes comme celles-ci :

Lorsque sa logeuse mariée à un Suisse propriétaire de trois maisons de cent mètres carrés possédant jardins de trois ares. Cet homme là avait réussi à élaborer ses habitations grâce à des fonds d'ONG. Sa femme patiemment attendait que la dernière tôle du toit soit posée pour rentrer en scène. Elle le fit tout bonnement expulser afin de récupérer l'ensemble du lot immobilier.

Et dans une de ces constructions, une responsable d'une autre ONG se faisait passer pour une biologiste alors qu'elle n'était que « dame pipi » dans un hôpital européen. Elle collectait des fonds de plusieurs pays ainsi que ceux du ministère de la santé malgache pour envoyer soigner des enfants atteins de malformations cardiaques. Elle officiait depuis une dizaine d'années et se félicitait que douze gosses par an soit opérés or le résultat réel n'avait été que d'un gamin en dix ans, les fonds quant à eux ne furent pas perdus pour tout le monde.

Devant les airs médusés de ses proches, il monte dans l'avion pour Tana. La correspondance nationale qui l'emmène est ballotée à l'extrême, le pilote ne peut se poser des rafales de vent empêche l'approche. Des cercles interminables sont formés par le commandant de bord, certaines personnes prient, d'autres pleurent. C'est fréquent sur ce vol, la proximité de la montagne des Français en bout de piste crée des remous. Une fenêtre se dessine entre deux nuages, l'avion s'y faufile. L'aile de l'appareil n'est pas parallèle au sol. Axel se raidit et soulève son postérieur ses pieds appuyés sur la moquette. Le choc est rude, des cris fusent et quelques masques à oxygène tombent mais l'ATR se stabilise au bout du tarmac. L'estomac dans les orteils mais le cœur soulagé, il se dirige vers la cohue africaine et le tapis roulant des bagages.

Cette nouvelle année le voit courir pour trouver des meubles et emménager dans une nouvelle demeure. Faboa veut le rejoindre mais au bout de quelques temps il lui dit que sa visite à l'hôtel lui a déplu et qu'il préfère prendre du recul.

Pourtant deux mois se passent et un sms de la belle lui demande de venir pour son anniversaire, ils reprennent contact, le phrasé chaleureux et fin de cette fille le change agréablement du quotidien. S'en suivent de longues conversation puis il finit par accepter l'invitation. Cela lui permettra en sus de redécouvrir une région très agréable.

Les retrouvailles sont chaleureuses et ils décident de louer une voiture pour partir sur Andap. La route est toujours aussi somptueuse, ponctuée d'enfants rieurs sautant sur les rochers de torrents écumeux.

Andap avec son mélange de brume et de rizière rappelle le Nord-Vietnam, c'est tout naturellement qu'il loge dans un hôtel tenu par un couple de chinois. L'ensemble délicat et tranquille de cette contré inspire la décoration du lieu. Des oiseaux au petit matin les réveillent de leurs sons multicolores pour les inviter au petit déjeuner servit en terrasse.

Un touriste Américain sans s'adresser à Axel passe dans le dos de Faboa, contourne la table pour se retrouver face elle et lui adresse un bonjour sonore en lui souhaitant un bon appétit. Faboa répond avec un sourire éblouissant et des yeux brillants. Ce qui agace fortement l'italien, celui-ci sans un mot prend ses affaires et songe un moment à laisser sur place sa copine mais comme il n' ya pas de transport, il l'a fait monter dans sa voiture. Pendant les deux cent cinquante kilomètres qui les remmènent au point de départ ils ne desserrent pas les lèvres. Il freine devant l'agence d'Air Madagascar et va s'enquérir d'un retour, malheureusement aucune place n'est disponible. Alors il ramène Faboa devant chez elle, en silence elle sort en claquant la porte et rentre dans sa maison.

Parvenu dans sa chambre, Axel tourne en rond il n'y a rien à faire dans cette ville et la météo annonce de la pluie sans discontinuer durant une semaine. Il s'allonge pour une sieste et laisse la télé allumée. Un signal sonore d'un texto le sort de sa torpeur.

« Excuse moi pour ce matin, je n'aurai pas du répondre au touriste, appelle moi si tu n'es plus faché »

Moment de flottement, ailleurs la décision aurait été facile, il aurait zappé mais ici l'inactivité forcée le fait correspondre.

- D'accord sois là tout de suite ou ne revient jamais.

La suite du séjour se passe en visite régionale comportant des hauts et des bas relationnels. Le jour de la séparation, Faboa écourte les adieux en s'éclipsant trois heures avant le départ de l'avion. Axel mentalement se projette sur son avenir lointain sans cette dernière.

Revenu à Diégo, il lui envoi un message de rupture quand il se souvient qu'elle avait des maux de ventre comportant des saignements continuels, pris de remords quelques jours après il lui redemande par le même moyen de communication si elle est toujours souffrante. La réponse étant affirmative, il s'enquiert d'un médecin qui lui indique un traitement adéquat. Il achète les médicaments et lui envoie, seulement pour des raisons personnelles il doit revenir dans sa famille quelques semaines.

Parvenu à destination, il reçoit une mauvaise nouvelle de la cousine de Faboa.

- Ta copine a eu un accident, elle est dans le coma.

Il se dépêche de contacter cette parente puis cherche par les renseignements à obtenir l'hôpital, peine perdue, il parvient à joindre une pharmacie qui lui donne un numéro personnel d'un médecin officiant dans l'établissement.

Ainsi dans les minutes suivantes le praticien lui confirme un accident de la route, les détails coïncide âge, coma, cervicales touchées, minerve apposée en revanche n'étant pas au service des entrées il ne peut lui confirmer le nom.

Les jambes un petit peu moins porteuse qu'à l'accoutumée, Axel espère un prompt réveil de Faboa.

Le lendemain il rappelle la cousine, la situation est toujours stationnaire, les parents de l'accidentée sont partis en brousse pour vendre une partie de leur cheptel bovin afin de payer la réanimation. Le deuxième jour pas d'évolution et aucun acquéreur ne s'est présenté pour les bovidés. Axel prend une décision, s'il s'agit d'une arnaque tant pis mais si cela s'avère vrai il sauve une vie. Alors il fait un geste et envoie des fonds à sa cousine pour payer les bouteilles d'oxygène.

Il attend la réponse de sa cousine pour de nouvelles informations qu'ils espèrent meilleures. La nuit est longue et il se repasse inlassablement les détails de l'accident que faire, qu'espérer.

L'aurore le tire de ses doutes, l'appel de Faboa avec une voix éraillée et comateuse lui indique qu'elle va un peu mieux, elle remercie pour son geste de gratitude. Un immense bonheur soulage Axel qui envisage son retour plus sereinement.

Son taxi habituel l'attend à l'aéroport, joie toujours renouvelée de rencontrer des visages amis ou familiers. Prise de contact avec la bonne qui se met les mains sur la tête quand elle voit la poussière de latérite amassée sur le sol de la maison.

Le cellulaire envoie le son familier d'un sms et le numéro de Faboa s'inscrit. Il est vrai que depuis son arrivée à Tana par le vol international, les appels se sont succédés et Axel n'y a pas donné suite. Ce message lui indique que la belle est à Diégo soit disant pour le remercier. Surprenant ? Comment a-t-telle pu revenir de Sambava si rapidement.

La première chose qu'il effectue est de se jeter sur l'étagère du living ou repose l'annuaire des télécommunications malgaches. Après quelques pages poussiéreuses tournées, il trouve le numéro de l'hôpital de Sambav. La sonnerie trouve une voix flûtée, souriant par cet accueil, il explique qu'une copine blessée par un accident de la route a été admise en soin et qu'il aimerait lui parler. La standardiste se met à tourner les pages de son registre dont il entend le bruit dans son téléphone. Désolée, lui répond-elle, je ne trouve personne à ce nom là.

Axel remercie et fou de rage, joint immédiatement l'accidentée imaginaire, après un bref mais vif échange il raccroche toujours en ébullition avant de se diriger vers l'épicerie voisine acheter des produits nettoyants pour sa bonne. Un message de Faboa lui indique qu'elle n'était pas à l'hôpital mais dans une clinique privée. Il tente aussitôt de trouver les coordonnées dans les pages jaunes, peine perdue elle n'y figure pas, pourtant renseignement pris cette clinique existe bien.

Pour se changer les idées il décide d'aller faire un peu de sac de boxe à la salle de gymnastique. Quand il y parvient les sourires connus l'accueillent, un copain d'entraînement est attristé par le départ de son épouse en Belgique. Celle-ci ne supporter plus la pression des filles de Diégo qui agissaient communément en se plantant devant la porte de l'infortuné pour l'interpeller en des termes triviaux. Elles promettaient d'effectuer les plus belles fellations à son mari quand d'autres se vantaient d'avoir partouzé avec deux ou trois copines en sa compagnie. Ces invectives quotidiennes ont en général un puissant effet déstabilisateur sur la maîtresse de maison surtout proférées par quelques créatures aux regards piquants et aux cuisses nerveuses habillées de shorts ultra courts. Le summum l'élixir survint quand une jeune délurée vociféra à travers la vitre abaissée d'un taxi anonyme qu'elle avait adoré le sexe de son mari au plus profond de son vagin. La Belge se trouvait à cet instant à l'heure de la plus grande affluence devant le marché de la ville. Elle laissa choir son panier de fruits qui rebondirent sur le goudron lépreux, sa bouche s'arrondit mais aucun son n'en sortit. Ses esprits retrouvés, elle se dirigea directement au comptoir d'une agence de voyage pour y réserver un vol sans retour.

Axel lui digère ses contrariétés, il ne peut vérifier la présence antérieure de sa copine à la clinique privé, alors quelques jours après il reprend contact. Durant une semaine la liaison suit un courant alternatif mais il se trouve préoccupé par des saignements permanents de sa copine. Il se dit qu'il serait souhaitable qu'elle se fasse examiner à Tananarive ou d'ailleurs il doit se rendre dans quelques temps, la belle s'y résout. Lorsqu'il la rejoint le rendez-vous médical n'est pas encore honoré et lui ne peut rester longtemps dans Tana son passeport visé par le ministère de l'intérieur doit lui parvenir à Diégo pour être contresigné. Lorsqu'il pose le pied dans l'aéroport d'Arrachard un message de Faboa lui indique le résultat de la consultation, il s'agit d'un kyste ovarien. Il se renseigne aussitôt au prés de trois hôpitaux des disponibilités et du coût, les prix sont dans l'ensemble identiques. Après quelques contacts il se dirige vers une officine de transfert d'argent et envoie la somme nécessaire, il demande en retour une preuve écrite des médicaments et un billet d'entrée de l'hôpital, ensuite il contacte une amie médecin dans son pays pour lui demander si le protocole opératoire tient la route ainsi que les traitements qui vont lui être administrés. Effectivement tout concorde, même les comprimés, au nom imprononçable, sont bien adaptés à ce type de pathologie. Un peu inquiet la veille de l'opération, la voix de son amie le rassure le lendemain. Quelques jours de repos la remettent sur pied et elle décide de passer sa convalescence dans sa famille à Sambava. Malheureusement Axel ne peut la rejoindre, un proche parent doit lui aussi subir une intervention chirurgicale très lourde, sa présence est indispensable. Il reprend donc un avion pour sa contrée natale. Toujours le froid et la pluie pour l'accueillir, il a fait le voyage avec un résident dépité qui lui rentre définitivement.

Le pauvre homme stationnait en bordure de route de l'aéroport sur un parking devant l'hôtel Simonette. Quand soudain sa vieille 403 se trouve percutée violemment puis soulevée pour s'encastrer quelques mètres plus loin sur un pylône en bêton. Le fautif un lourd camion chargés de bille de bois, le conducteur avoisinant les trois à quatre grammes d'alcoolémie détient quelques difficultés à marcher. Il pianote quand même son portable pour joindre son patron. Trente minutes plus tard le Karane la mine décomposée contemple son camion dont l'avant ressemble à une sculpture contemporaine, les 403 sont réputées pour la solidité de leurs aciers. Il ne perd pas une seconde, il dégage son véhicule et fonce en direction du tribunal d'instance en ayant pris soin de contacter un autre chauffeur qui prend place côté passager, l'ancien avait été congédié dans un taxi. Arrivé sur place il se projette dans le bureau du procureur. Il explique avec véhémence qu'un vazaha à bord de son véhicule vient de le heurter rendant son camion quasi inutilisable et pour soutenir sa bonne foi, il dépose un gros pourboire pour les œuvres judiciaires.

Son interlocuteur touché par tant de sincérité chiffrée ordonne immédiatement l'arrestation de ce *voyou* de vazaha. L'infortuné ne peut se déplacer attendant un hypothétique dépannage devant l'hôtel. Il voit arriver en guise de voiture de mécanicien, le quatre quatre des policiers qui l'embarquent manu militari. Complètement abasourdi, il s'entend signifier ces chefs d'inculpation, tel que conduite en état d'ivresse, troubles de l'ordre public, menaces contre le conducteur du camion etc... Le tout terrain se retrouve à l'acheminer en garde à vue transformée par la suite en comparution immédiate. La sentence tombe, quelques mois avec sursis assorti d'une amende de trois mille euros à verser au patron de l'entreprise de transport. Douce justice.

Dans la gare dernière étape avant chez lui, Axel croise quelques familles composées de maris résignés, de bobonnes indésirables et d'enfants dictateurs. Le père responsable devant la loi des exactions de sa progéniture peut se retrouver en justice si par malheur il corrige ses enfants. Formidable pays qui se fait déliter par des organisations ennemies relayées par des idiots utiles en son sein.

Au chevet de sa mère, il est rassuré, l'opération s'est bien passé, quelques temps de rééducation font le reste. Il peut rejoindre Madagascar quittant la population du pays de transit qui s'ingurgite d'alcool dans le nord et d'anxiolytiques dans le sud, de filles coincées qui pensent que faire l'amour doit donner de la cellulite. Une dernière image imprègne sa rétine avant de prendre l'avion, celle d'une minette minaudant, portable scotché à l'oreille, thérapie moderne des anciens commérages de lavandières.

Toujours en communication avec Faboa, il lui envoie quelques présents pour la fin de l'année, leurs échanges se passent pour le mieux et ils planifient de se rencontrer bientôt. Axel pense que les aspérités du début sont gommées mais il garde un fond de méfiance du à l'habitude des fréquentations locales. Sa préoccupation immédiate est le déblocage de son téléphone, le magasin non loin de son domicile est tenu par deux sympathiques malgaches qui sont de vieilles connaissances. L'opération est effectuée en temps record, se dirigeant vers sa moto il se fait héler par Guy. Les politesses d'usages expédiées, son ami lui raconte son dernier petit voyage à Sambava.

- Tu sais j'ai croisé Faboa.

Axel dresse l'oreille personne n'ai vraiment au courant de leurs relations, Guy les avait vu ensemble il ya un an et ignorait la continuité de leur histoire. Axel joue l'imbécile.

- Faboa qui ça ?

- Oui, la fille comme ça et de décrire à l'aide de ses mains les courbes généreuses de l'intéressée.

- Et tou as couché avec ?

- A Sambava non mais quand elle est venue à Diègo, oui !

Un séisme déchire la terre sous les pieds d'Axel, il chute dans un gouffre sans fin, ne sait plus si la mer est à la place du ciel ou l'inverse. Le temps se suspend, tout s'effondre sous le regard interloqué de Guy, il lui apprend rapidement sa relation, il sait maintenant qu'il ne pourra plus la toucher. Une personne a qui l'on sauve la vie ne pouvait faire ça. Le soir il prend contact avec celle qui est encore sa copine et fait l'idiot.

- Tou vas bien ?

- Oui !Alors quand est ce que je vais venir, tu me payes l'avion.

- Mais tou va venir en taxi-brousse.

- Quoaa ! En taxi- brousse mais ça va pas.

-Et quand tu étais à Diégo espèce de connasse tu y es venu comment. Axel en a même perdu son accent.

- Mais je ne suis jamais venu à Diégo.

- Et Guy tu l'as sucé avant ou après qu'il t'ait baisée.

- Mais j'ai jamais baisée avec lui.

- Langue de merde, j'ai vu ton numéro sur son téléphone et même sa facture le jour de l'appel. Ta bouche est un cabinet pour y déféquer.

Axel furieux raccroche et va se démener les jours et les mois qui suivent pour lui interdire le visa. Il sent un mariage tôt ou tard avec un étranger pour obtenir la nationalité. Effectivement quatre semaines plus tard il apprend le passage devant le maire de Faboa avec un quidam rencontré sur internet pendant la période où elle était soit disant hospitalisée. Il se promet que lors de son prochain passage à Tana il ira faire un tour à l'hôpital. En attendant il va draguer une de ses copines pour lui rendre la monnaie de sa pièce. Il apprend ainsi que pendant qu'il l'a croyait sous anesthésie, elle fréquentait assidument les cybercafés pour montrer ses seins à travers les webcam. Qu'elle avait par la suite cassée une bouteille de bière en boîte de nuit sur la tête d'une fille qui protestait parce qu'elle draguait son compagnon. Faboa suite à cet incident avait fini sa nuit au poste de police. Bien sur il n'avait jamais eu d'accident à Sambava.

Quelques temps plus tard , Axel se rend au grand hôpital de Tana, il aborde le bureau des entrées avec son plus beau sourire puis explique qu'il aimerait avoir des nouvelles de cette fille hospitalisée à cette date en montrant le billet d'entrée au nom de Faboa. Les deux employés très patiemment exécutent la recherche pendant de longues minutes, les pages immenses se meuvent avec lenteur, l'homme parle avec sa collaboratrice et tourne vers lui un visage désolé. Il s'excuse de ne pas avoir de fille à ce nom. Axel remercie en ayant le sentiment désagréable d'avoir été pris pour un idiot, il s'enquiert d'un huissier à qui il relate l'affaire. Le lendemain accompagné de deux officiers ministériel, il recommence la même opération, les deux hommes de loi notent les faits. Ils sont maintenant dirigés vers le directeur qui déclare que ce sont bien des documents de l'hôpital avec de vrais cachets mais qu'il s'agit de faux notamment l'ordonnance où le nom du médecin traitant n'est pas répertorié dans son ordinateur. Ils effectuent une dernière vérification aux urgences, l'infirmière major leur confirme le faux bulletin, regardez dit-elle, après une explication d'Axel sur les symptômes de Faboa :

- Il est inscrit cinq jours d'hospitalisation or personnes ne restent cinq jours aux urgences. Elle poursuit en expliquant que cette fille avait surement fait un avortement en ayant des rapports trop précoces après l'intervention ce qui occasionnaient des saignements fréquents.

Fort de ces constats Axel fonce vers Diégo et dépose plainte au procureur qui a changé heureusement, il demande en insistant de désigner la gendarmerie pour l'enquête. Le procureur ne le suit pas et mentionne la police judiciaire. Leur commissaire un homme très affable recueille les preuves téléphoniques, l'enregistrement des sms par huissier, les documents de l'hôpital et les doubles des transferts de fonds. Puis ils conviennent d'une date pour se rendre sur Sambava. Entre temps Axel avise le consulat de son pays, le ministre des affaires étrangères, la police des frontières et trois journaux, prévoyant l'oubli d'un fonctionnaire. Bien entendu tout son entourage lui conseille d'abandonner, « tu n'y arriveras pas, faire tomber une malgache chez elle c'est impossible ». Il a pris un avocat et deux mois plus tard après le rapport d'enquête de police où la suspecte a avoué les faits complété par un rapport d'huissier qui a constaté la non présence de Faboa à l'hôpital privé de Sambava suite au soit disant coma (la suspecte avait mis a profit l'accident de la circulation d'une fille du même âge qu'elle. Effectivement la victime avait été dans le coma et portée une minerve ce qui avait induit Axel en erreur après son contact téléphonique auprès du médecin). Une convocation prés le tribunal d'instance est envoyée. La première audience se déroule dans la chaleur et l'attente de onze heures, la prévenue ne s'étant pas présentée le procés est renvoyé. Lors de la deuxième convocation, même scénario s'en suit une troisième.

Entre temps l'avocat jouant double jeu avait écrit un courrier au juge pour le rejet de l'audience et avait filé sur Tana pour faire partir la prévenue à l'étranger, seulement le visa était mis en instance.

La juge demande à Axel qu'est ce qu'il fait là. Celui-ci de répondre que la lettre de renvoi a été établie à son insu par son avocat et qu'en sus ce dernier l'a menacé au téléphone d'injures raciales quand il s'inquiétait de sa non présence au tribunal.

La juge après un bref conciliabule avec le procureur, délivre un mandat d'amener car la prévenue est toujours absente. La quatrième d'audience n'aura pas lieu, un substitut du procureur du tribunal de Tuléar s'est fait lyncher à mort par la police locale. Manifestant leur colère après la mise sous écrous d'un de leur collègue. Aussitôt l'ensemble de la magistrature déclenche une grève générale illimitée dans tout le pays. Entre temps Axel s'est rendu aux affaires étrangères et indique aux divers responsables quelque peu suffisants d'un prime abord qu'ils ne peuvent délivrer un visa à cette prévenue sur la base d'un faux état-civil, le nom de son père et de sa mère étant différent du sien.

Enfin un jour Axel reçoit un appel, Faboa veut négocier, seize mois après comme par miracle. Elle lui propose de lui offrir le restaurant en souvenir du bon vieux temps, sic.

- Mais tou rêve, tou ne crois pas que je vais risqué dé mé faire prendre en photo avec toi.

Il lui propose un remboursement augmenté du préjudice, celle-ci après réflexion décline l'arrangement.

Le jour du procès arrive. Le substitut sombre personnage, dur avec les voleurs de mangues s'en prend à Axel.

- Qu'est ce que vous faîtes ici, vous n'êtes pas dans votre pays, boutonner votre chemise.

Calmement Axel sentant la provocation, piège appelant l'outrage, résume la situation. Le pitre déguisé continue son acharnement sur lui, arguant du fait que le document d'hospitalisation n'est pas un faux.

- Substitut, dis sciemment Axel, vous allez à l'encontre de deux officiers ministériels malgaches et du directeur d'un des plus grand hôpital d'Afrique, pardon mais vous avez quelles compétences pour les contredire. Je vous signale par ailleurs que je suis la partie civile et que, désignant du doigt Faboa, la prévenue c'est elle.

Le guignol tente alors de sauver la future coupable en lui demandant par deux fois si elle a bien utilisé ce faux certificat, devant la réponse affirmative de la prévenue, il se tourne vers la juge tout en empêchant Axel de fournir d'autres preuves et demande au magistrat la plus grande mansuétude. Le lendemain le verdict tombe, six mois avec sursis et une amende inférieure du tiers du préjudice. Dans ce cas il fait bon être escroc mais Faboa est insatisfaite, elle va poursuivre l'affaire en appel.

Pour conclure cette longue histoire Axel était assis dans les gradins du stade municipal à côté de Jep qui l'interrompait pour donner quelques conseils à ses anciens joueurs.

Finalement l'italien est convoqué à la cour d'appel pour le jugement de Faboa. Précédemment il avait demandé l'interdiction de sortie du territoire pour la prévenue, option qui avait été refusée par le procureur général. Il en avait aussitôt informé les autorités consulaires. Pour l'instant il prend son mal en patience et en fin d'après midi leurs noms sont appelés par le greffier.

Le président de la cour les enjoint à s'exprimer mais un juge ne peut retenir son agacement envers la prévenue.

- Mais pourquoi faîtes vous appel.

- Parce que je ne peux pas payer.

- Vous avez écris ou utilisé ce faux, oui ou non, devant le mutisme de Faboa, il abat sa main avec fracas sur le bureau et lui demande véhément si elle comprend quand il parle.

- Oui, oui j'ai utilisé ce faux.

- Ah , tout de même.

Le président se tourne vers l'avocate générale qui d'un regard hautain et d'une voix lourde, lance :

- Application de la loi !

S'ensuivent quelques conciliabules et la cour indique aux deux protagonistes que le jugement est en délibéré pour une semaine.

Faboa tente d'amadouer Axel au téléphone pour qu'il la laisse obtenir son passeport en écrivant une lettre au consulat concerné. Ce qu'il refuse catégoriquement.
- Bon jé vais faire oune chose pour toi ! Jé vé écrire au Président dou tribunal en lui demandant qu'il ne te mette pas de peine de prison, je ne sais si ça se fait car je ne veux pas que tu ailles la dedans, ça ne me servira à rien.

Il enjoignit le geste au verbe en stipulant qu'il désirait la justice et non la vengeance.

La cour en tenue compte au-delà et laissa une amende inférieure au préjudice ce qui eut le don d'exaspérer Axel. Faboa revint à la charge pour qu'il intervienne au prés des affaires étrangères. Il lui répondit qu'elle n'avait qu'à établir une reconnaissance de dette chez le notaire si elle ne pouvait pas payer dans l'immédiat.

Evidemment, elle ne donna pas suite, piégée. Dans la totalité des cas sa carrière internationale s'arrête avant de commencer et au moins elle n'obtiendra pas de double nationalité conclut-il pour Jep.

*

Dans la foulée Alex dénoue une arnaque d'un voisin qui est entrain de tomber dans le panneau positionnée par sa copine. Celle-ci accuse son ami de lui avoir volé ses bijoux. La pièce était retournée de fond en comble et rien n'apparait. La fille met ses menaces à exécution en appelant la police. Quand les hommes de l'ordre eurent écoutés les doléances de la plaignante avec un regard peu amène envers son partenaire. Alex pris d'une subite inspiration rompit le court silence en exigeant que la fille se déshabille. Il n'y avait point d'attentat à la pudeur puisque son copain avait passé la nuit avec elle. Malgré quelques tergiversations les actes se déroulent en présence d'une femme policière et de l'amant dans une pièce annexe. La fille l'expression butée défait le nœud de son maillot de bain derrière sa nuque. Le tintement caractéristique d'un objet tombant au sol retentit. L'ensemble des participants se font relater la scène par la policière qui l'un ironique, l'autre surpris et un dernier vraiment agacé peuvent apercevoir quelques bijoux dorés qui scintillent sur le carrelage.

Axel pose la main sur l'épaule de son camarade et lui explique : - Tou vois, ici les filles elles possèdent deux bagages. Figué ! Oun normal et l'autre qué tou ne vois pas mais qui existe... c'est la valise à problèmes.

- Bien, on va se diriger vers la salle de sport à pied, cela nous fera promener, décrète son copain rassurer par la tournure des événements.

En chemin ils évitent un nouveau patron d'agence de voyages qui vient de construire des bungalows à une heure de Diégo par la mer. Ils ne le supportent guère car il consomme régulièrement dans un bar et couche avec la femme du patron. Celle-ci ayant plutôt la cuisse leste. Effectivement dès que l'occasion lui en est donnée, elle monte sur les bateaux de marins pêcheurs pour se défouler quelques heures puis s'en va chercher son fils à l'école comme si de rien n'était.

Un ami est présent dans la salle de sport et Axel demande des nouvelles d'un partenaire d'entraînement surnommé le Boucher car il exerçait ce métier par le passé.

Il avait bien amusé le collectif lors de son arrivé prenant Axel pour un novice. Il lui proposait ses services pour lui présenter des filles. C'était un être de taille moyenne au physique ingrat affublé d'un visage naïf. Il dégageait un air et une façon de se déplacer assez cocasse, son corps rond le faisait plutôt glisser et rebondir que réellement marcher. Axel était seul lors de sa première rencontre et chercher vainement un témoin pour qu'il entende les énormités que nouvel arrivant proférées. Il avait rencontré une fille malgache en Nance et elle l'avait décidé à vendre sa boucherie traiteur pour venir s'installer à Diégo. L'affaire conclue l'avion le déposa à Antsiranana. Comme l'immense majorité de ses personnes nouvellement venues, il se hâta d'acheter un véhicule tout terrain, une moto et une surface constructible afin d'ériger une habitation. Malgré les imprécations d'Axel et d'un ami arrivé pendant la séance.

Les semaines suivantes, ils apercevaient l'épouse avec son amant qui bien sur avait été présenté en tant que cousin sur la moto achetée précédemment. D'autrefois, ils observaient le Boucher qui rentrait et sortait de magasins les bras à l'équerre chargés de paquets jusqu'au menton. Son épouse bien sur ne possédait rien dans les mains mais détenant le portefeuille à la place du cœur lui désignait les échoppes où ils devaient se rendre. Le malheureux au supplice suivait tant bien que mal. Il renchérissait quand il venait s'entraîner :

- Oui, je fais construire une grande maison avec des dépendances pour la famille et de petits bungalows pour les « cousins » de ma femme.

Axel s'esclaffait et lui promettait une ruine proche.

- Oh non, il n'y a aucun risque, j'ai déjà donné l'ensemble de mes biens à mon épouse et c'est elle qui les gère. Moi je ne m'occupe que de la construction.

Axel reste sans vois, ses deux collègues ont la bouche entrouverte de stupeur et il poursuit, oh mais elle n'est pas comme les autres, elle est musulmane d'un branche dissidente.

Axel en échappe un poids suivit d'un juron. Un an plus tard ils recroiseront le Boucher qui ne venait plus à la salle. Il repartait en Nance accompagné de son fils de quatorze années pour retravailler. Il n'avait pas lu complètement les papiers de sa maison, son épouse en catimini avec quelques complicités avait tout enregistré à son nom. Les yeux baissés, il laissa filer à voix basse :

- C'est trop dur Diégo .

Ils le virent partir le cœur serrer car s'était quelqu'un d'enthousiaste et d'une gentillesse infinie, ils se consolaient en disant qu'il était en vie et que d'autres n'avaient pas eu cette chance.

*

Axel s'est fait invité chez Corina, une superbe fille très gentille avec lui. Son amant Belge lui a construit une villa. Le plus cocasse c'est qu'il ne possède pas de maison pour lui, il a même emprunté pour cette opération. Corina en profite, elle s'est fait installer tout les éléments de chaîne hifi, écran plat, cuisine équipé, salle de bain dernier cri, elle possède une vue sublime. Elle s'est fait offrir une voiture, harcelant son compagnon pour qu'il lui achète un quatrième groupe électrogène, les trois autres étant tombés en panne, du moins c'était le prétexte, la vraie raison étaient qu'ils avaient été revendus par ses djombilaîs. L'automobile aussi devra sortir d'un carrossage, un amant maladroit ayant subi l'attraction d'un cocotier planté au bord de la route.

Axel sourit de ces frasques et s'entend bien, elle ne lui a jamais fait d'intrigues, à condition bien sur de ne jamais tomber amoureux. Son téléphone chauffe, elle rassure ses prétendants.

- Non je te promet, je suis seule, là je suis allongée sur mes draps. Ce qui est vrai pour la position et le lieu. Mais tu te fais du mal de penser ça, mon amour, non je te trompe pas.

Pendant l'appel, Axel s'étire dans le lit, détendu après leur intermède sexuel. Il doit se rendre à Hell ville, le chef lieu de l'île, sans trop en avoir envie, pourtant il se redresse pour aller enfourcher sa moto. Quelques minutes après l'air tiède lui fouette le visage, la route s'enroule en de magnifiques courbes garnies d'arbres somptueux. Quelques travailleurs reviennent des champs de cannes à sucre, la figure burinée de soleil malgré leur chapeau de paille. Sur sa droite séparée par la mer, les montagnes pourpres de la grande île enserrent le disque en feu du couchant.

Arrivé dans la ville, il change quelques billets de banque, quand une connaissance karane l'apostrophe en l'invitant à rentrer dans son magasin pour une discussion. Axel le suit intrigué et attend quelques secondes que ses yeux s'habituent à la pénombre, pour découvrir un bric à brac hétéroclite. Son interlocuteur est embarrassé, il danse d'un pied sur l'autre puis se lance.

- Bien, tu vois je te connais depuis quelques temps. J'ai un fils qui ne sera pas bon dans les affaires et je ne sais pas quel métier il pourra exercer. Toi ça fait longtemps que tu résides ici, tu pourrais le reconnaître comme ton enfant légitime ainsi il posséderait ta nationalité et pourrait bénéficier de toutes les aides. Je m'occuperai bien sur de tout ce qu'il a besoin, ce ne sont que des formalités pour obtenir les papiers. Nous faisons ça souvent le tarif est cent cinquante million d'ariary . Devant le regard interloqué d'Axel, il poursuit.

- Tu connais la sœur de Maxime, elle a prétexté avec de faux documents de fausses études pour indiquer qu'il n'y avait pas sa spécialité ici, elle a donc obtenu un visa étudiant et une fois sur place, une malgache possédant la double nationalité l'a reconnue comme étant sa fille. Et bien maintenant elle fait l'école d'officier de l'armée nançaise.

Axel est furieux, mais c'est un scandale s'exclame-t-il, quelle naïveté des administrations marmonne-t-il impuissant et rageur en prenant congés. Puis il se sait aborder par un inconnu qui après lui avoir souhaité la bienvenue le harcèle pour qu'il élabore une affaire de transport routier, l'homme lui promet être un mécanicien chauffeur hors-pair, il a d'ailleurs travaillé précédemment dans une grande compagnie de transport. Axel lui réplique

- Oui et quand tou ouvres lé capot dé minibous après deux jours, il n'a plou dé moteur. Tou mé prend pour oun vahiny.

- Azala éé, tu connais bien Madagascar.

*

Axel gare sa moto trois cents mètres plus loin, après le grand marché sur la droite pour effectuer l'achat de quelques produits hygiéniques et notamment d'huiles essentielles de citronnelles en autres, pour repousser les anophèles. Dans les rayons il se heurte à Gérard un jeune ostéopathe de vingt cinq ans. Ils ont effectués quelques raids en quads cette année et il apprécie toujours la bonne humeur de ce grand dégingandé à la moustache rieuse. Il apprend son départ dans la soirée suite à une aventure rocambolesque. Gérard est un chaud lapin et beaucoup de filles ne résistent pas à son charme. Ayant invité une demoiselle au restaurant puis à boire un verre en boîte, il lui propose de le conduire à son hôtel. La fille acquiesce et lui emboite le pas. Par sécurité il demande si elle est en possession de sa carte d'identité car la réception de l'hôtel va la lui demander. Arrivée devant le comptoir de l'hôtel elle exhibe le document et ils se dirigent vers sa chambre. Il tourne la clef quand sa partenaire porte sa main devant la bouche en s'excusant de s'éclipser pour quelques minutes. Elle a oublié de donner les clefs de la maison à sa cousine qui habite un village périphérique. Ceci afin de lui éviter un long retour dans la nuit. Gérard tranquillement lui fait signe d'aller déposer l'objet convoité, se demandant si ce n'est pas un prétexte pour faire faux bond au dernier moment.

Mais non, trente minutes après la jolie demoiselle se retrouve devant sa porte. Sourire éblouissant sur dents de perles, son regard espiègle surmonte un corps épanoui et vif. Après la douche suivent des ébats volcaniques jusqu'à une heure avancée. Aux aurores la fleur des îles langoureusement lui dit qu'il faut qu'elle rejoigne sa cousine pour diverses raisons et qu'elle reviendra dans la matinée.

Gérard voit s'éloigner à regrets cette fille plantureuse et malicieuse. Relaxé , il se détend avant de se retourner et s'endormir.

Un coup sur la porte d'une force inouïe le réveille en sursaut. De l'autre côté du battant une voix beugle :

- Police, ouvrez !

Une serviette autour des reins, les mules à l'envers et le cheveu en bataille, il se dirige vers l'entrée. Le loquet tiré, quel n'est pas sa surprise en apercevant les képis entourant la fille et de nombreux visages inconnus.

Sans ménagement un agent le pousse à l'intérieur et explique directement les faits.

- Voilà, désignant de la main sa partenaire et les autres personnes, cette fille à dix sept ans et dix mois donc mineure, sa famille ici présente porte plainte pour détournement. Vous êtes en état immédiat d'arrestation, vous nous remettez votre passeport instamment. Mon collègue va vous passer les menottes.

- Mais je ne comprends pas cette demoiselle m'a pourtant montré sa carte d'identité.

- Impossible elle est mineure et ne peut en posséder.

Gérard regarde cette fille qui paraît vingt quatre ans qui le nargue moqueuse. Il à la sensation d'avoir reçu une poutre sur la tête, un rideau sombre chois hypothéquant son avenir, ses projets futurs et immédiats se diluent, l'ensemble des minutes qui suivent semblent durer un siècle.

Subitement il se récrie en comprenant le stratagème. Cette fille a pris la carte d'identité de sa cousine pour la montrer à la réception de l'hôtel et c'est pour cela qu'elle devait lui ramener prétextant une histoire de clefs.

S'emportant un peu en s'adressant au policier.

- Juste un instant mon lieutenant et de narrer le déroulement des faits, d'ailleurs le bureau de l'hôtel a enregistré mon entrée avec le numéro de la carte de cette fille, vous pouvez vérifier c'est une arnaque.

Un conciliabule s'ensuit entre le lieutenant et son subordonné. Ce dernier prend le téléphone de chevet et demande les vérifications auprès de l'accueil. Après un long moment il raccroche et s'adresse en malgache à son supérieur. Celui-ci se tourne vers Gérard.

- Nous avons pu vérifier la véracité de ce que vous avancez, n'empêche cette fille est bien mineure est vous êtes sous le coup de la loi. Je vais sortir de cette pièce pour m'installer sur le balcon et vous allez dialoguer avec la famille s'il désire retirer leur plainte. S'en suit un long palabre, la famille qui est au courant des lois des pays étrangers et rodée à la manœuvre, fait monter les enchères. Bien que leur fille est perdu sa virginité depuis belle lurette il ne lâche pas le morceau ce sont des professionnels, Gérard est seul hors de son pays avec la police en ligne de mire qui détient son passeport, instant d'ire impuissante. L'affaire se conclut par un montant de quatre mille dollars.

- Voilà pourquoi je pars ce soir, ça fait cher mais au moins ça m'évitera les ennuis lors de mon arrivée avec les parasites d'ONG qui se constituent parti civile automatiquement pour faire du fric dit-il à Axel.

- Tou as de la chance dans ton malheur, un compatriote était ici depouis dix sept ans, il avait construit l'université et l'école des infirmières et oun hôtel restauranté qu'il possédait. Sa femme est allée au palais de justice et l'a fait incoulper pour pédophilie. La police à débarquer oun lundi matin avec oun mandat d'expulsion sciemment antidaté dou vendredi, ils loui ont laissé trenté minoutes, tu m'entends trenté minoutes pour rassembler ses affaires et l'ont escorté à l'avion et tchao. Son épouse a récoupéré tou ses biens. Figué !

Ils finirent leur conversation dans une pharmacie où ils pouvaient voir quelques autochtones revenus d'un pays extérieur vendre une valise de médicaments, obtenus par la couverture sociale d'un pays tiers, au pharmacien local.

- Tiens lui dit Axel. A ton retour tou saura pourquoi tes cotisations augmentent.

*

Assis à la terrasse du grand hôtel, Axel aperçoit un visage connu deux tables plus loin, tout les restaurateurs viennent le saluer. Il tend l'oreille en reconnaissant la personne qui était à Nosy bé en compagnie de filles mineures dans un bar à thème. Il sourit intérieurement car l'énergumène travaille pour un guide de voyage qui fustige régulièrement à juste titre de tel comportement. L'homme note par écrit les détails des hôtels et restaurants de ses interlocuteurs, c'est-à-dire le nombre de chambre, l'état des salles de bains, la présence de piscine etc... Tout cela par la suite sera imprimé et revendu sans que l'auteur n'ait posé un orteil dans l'établissement. Magnifique système où l'argent pousse sur un lit de fumier.

Quelques créoles venus en voisins se me mettent à pérorer autour de lui. Il se souvient que c'est vendredi et qu'ils sont venus passer deux jours en claquant l'économie d'un mois pour faire croire qu'ils sont riches. Cette ambiance le pèse, peut-être qu'une séance de massage de maître Tsong par réflexologie lui ferait du bien. La sonnerie retentit dans l'autre portable ponctué par la voix toujours enjouée du métis chinois.

- Bonjour monsieur Tsong et Axel de lui donner rendez vous.

D'une tape sur le dos Jep le bouscule et lui conte les derniers soucis des filles de toutes provinces obligées d'aller à Tana pour faire leur visa. En effet un consul d'un pays tiers à profiter des vacances de sa femme pour essayer sa secrétaire autochtone. Celle-ci en opportuniste va mettre à profit la situation. Elle lui apporte à signer de nombreuses demandes d'immigrations, tout ceci n'est pas gratuit et sa fin de mois s'arrondi nettement. Mais devant l'afflux massif de passeports, l'autorité de tutelle va réagir après s'être renseigné de la véracité des faits auprès de quelques résidents. Cela tombe bien, il faut faire des économies, donc des services seront fermés et la délivrance de visa s'effectuera désormais uniquement dans la capitale.

- Tou vois, c'est toujours dé la sorté quand tou tires sour la ficelle. Et ta revanche pour le championnat de Rugby c'est pour quand ?

Jep lui répond que c'est pour bientôt en prenant la direction de son appartement. Il se sent bizarre, son estomac lui joue des tours, il pense à un empoisonnement toujours possible pour de diverses raisons. Les poudres mises entre les doigts où les ongles, sont lâchées à la verticale du verre, ainsi que l'ajout de substance dans les plats. Parvenu à ses pénates, un élancement horrible l'irradie au niveau du foi, semblable à un fort coup de pied. A genoux devant son lit la douleur reflux, des maux de ventre l'obligent à la selle puis il revient péniblement se coucher accompagné de vives douleurs au côté droit et dans la région lombaire. Allongé une abondante sueur le recouvre, l'esprit divaguant, chaque dix seconde son iris enregistre des reflets éblouissants. Il est las, exsangue, se disant que sa dernière heure est peut être arrivée, sans inquiétude il accepte son sort, bientôt une lourde torpeur l'envahit et il perd connaissance.

Dans la nuit un gecko pousse un petit cri habituel, plus loin des chiens se querellent une partenaire en chaleur ou autre chose. Ils adorent donner de la voix aux alentours de trois heures du matin, sachant l'humain endormi, ils peuvent éviter les volées de pierres diurnes. En retour le soleil levé ils s'étireront paresseux et faméliques le long des routes, troublés par le bruit des marteaux. Ils en ont l'habitude, dés qu'un Malgache est levé, il tape, son outil sert à tout, à dévisser, à boucher, rabattre, trouer, perforer, casser, clouer, et surtout prouver que l'on existe en produisant des effets sonores. D'ailleurs Bernard avait surnommé sa villa, « le marteau enchanté », en raison des travaux perpétuels du voisinage.

Le soleil inonde la chambre de Jep, son œil gauche s'entrouvre lentement. Je suis vivant pense-t-il en premier lieu. Il prend conscience du liquide imbibant ses draps de la tête au pied en pensant à une fuite d'eau. Au prix d'un violent effort, il se redresse péniblement en s'accrochant aux huis de la porte toute proche. Son regard enregistre l'absence de fuite au plafond en revanche son corps est ruisselant. Malheureusement c'est un quinze Août et l'ensemble des commodités est fermée. Titubant, il part acheter une bouteille de soda auprès de sa propriétaire, pendant ce temps sa gentille femme de chambre lui change les draps. Le soir sa propriétaire adorable et compatissante lui fera monter une soupe de légumes aux effluves délicieuses. Odeurs depuis longtemps oubliées dans son pays aux végétaux semi-synthétiques. La deuxième nuit se passe plus reposante que la précédente ainsi dés le lendemain il peut se propulser chez un médecin généraliste qui diagnostique un neuro-paludisme. La prescription curative aura un effet fulgurant, à base d'artésunate, molécule extrait d'une plante asiatique usitée depuis deux mille ans par les tribus locales. A ces jours il n'est pas connu de résistance. C'est avec émotion qu'il pense à ses peuples méconnus qu'il a pourtant côtoyé une dizaine d'années auparavant dans les montagnes indochinoises.

Il goûte avec joie l'animation de la ville, les klaxons qui se disputent et les pousses qui se hèlent, les passants qui sautent les obstacles des trottoirs encombrés et les gosses qui crient, la vendeuse de beignets et de brochettes qui le reconnaît et l'interpelle. Pourtant ce matin la ville bruisse d'une nouvelle rumeur un peu plus importante que les autres. Orangéa.

*

C'est une plage oublié depuis cinquante ans au sud de Raména, la légion étrangère y avait établi ses quartiers. Aujourd'hui les tôles délabrées succinctement accrochées à d'antiques bâtiments de pierres taillées n'attendent qu'un souffle de varatraz pour choir lugubres et nostalgiques. La végétation éventrent ce qu'ils restent de bungalows des officiers. L'eau lisse à cet endroit est d'une beauté époustouflante, elle lèche langoureusement le petit phare de la passe et ses puissants canons. Seulement la beauté des sites demandent toujours à être enlaidie.

Les militaires mirent en vente des parcelles de terrains constructibles. Se fut la ruée, les chinois s'évertuèrent à bâtir des mini hôtels, les

Karanes des maisons à étages et les notables vazahas se poussaient du col en apostrophant leurs congénères d'un : comment tu n'as pas construit à Orangéa. Tout ce petit monde, aux regards humides de concupiscence, se croyait déjà à Berverly hills se baisouillant la calandre du quatre quatre. Or les projets et les rêves ont leurs barrières ainsi le gouvernement par le fric alléché mais avec un temps de retard vendit le terrain à un puissant groupe hôtelier sans savoir qu'il était déjà bâti. Le promoteur qui avait visité les lieux vierges de toutes constructions neuves six mois auparavant, cru défaillir quand il aperçut les villas champignons. Le président informé dans l'heure piqua une colère homérique et mis aux arrêts de rigueur un des deux officiers supérieurs qui avait pris l'initiative de cette vente. Un colonel laissé en liberté surveillée, téléphona en tout hâte aux divers propriétaires en leur lançant un nouvel ultimatum. Il fallait que les villas soient détruites dans les deux jours et il s'engageait à rembourser les terrains. Tollé chez les possédants, dont l'ensemble s'activa pour contrer la procédure, peine perdue l'ordre venant de très haut. Pourtant quelques uns plus fouineurs que les autres auraient découverts que les terrains appartenaient à l'ancienne puissance coloniale. Ils les avaient laissés en jouissance au gouvernement malgache. L'espoir renaît. S'en suivent quelques jours de flottement où les hypothèses vont bon train, l'ancienne administration ignorait peut être cet état de fait ou bien elle ne voulait pas s'encombrer de cette situation et laissa prudemment la libre appréciation à sa consœur malgache. Ainsi les malheureux propriétaires se virent contraint de tout abandonner sur place et de détruire ce qu'ils purent. Le promoteur échaudé par cette pétaudière n'osa rien effectuer et l'ensemble attendi l'œuvre naturellement corrosive des tropiques. Les palmiers insouciants se remirent à badiner.

Jep poursuit sa route en descendant la rue Colbert et salut un sympathique hôtelier qui a quand même escroqué son associé en lui piquant la moitié de ses parts. Plus loin il retrouve un résident fraichement débarqué qui veut élaborer un club d'arts martiaux, tout en devisant de choses et d'autres, il essaye de le dissuader.

Premièrement parce qu'il ne pourra pas gagner sa vie et deuxièmement pour éviter l'application sine die des techniques de combats à des fins crapuleuses comme c'est le cas dans les banlieues enturbannées de la zone économique Nord. Pour lui l'apprentissage de la violence engendre la violence. Les différents instructeurs prônent le contraire, avides de subventions régionales ou départementales. Mais c'est un fait indéniable, la Nance fabrique des mutants payés par les organismes sociaux. Les énergumènes trainent aux lits durant la matinée, effectuent une séance de musculation l'après midi et se perfectionnent dans la fracture de membres en début de soirée. Si on espère canaliser la violence on peut toujours les inscrire au cours de piano et ceux qui ont de l'énergie en sus, peuvent aller s'essayer à la coupe de bois dans les casernes militaires vides, celles ci serviraient à loger les sans abris pour leurs éviter de mourir de froid. Seulement cette idée n'est pas assez complexe et ne rapporte rien.

D'ailleurs son interlocuteur soutient mordicus qu'il y a un potentiel économique. Ils se séparent en ce donnant rendez vous le lendemain. Jour qui n'arrivera jamais, le futur moniteur en rentrant chez lui s'est fait cambrioler la totalité de ses effets personnels. Il a quand même eut plus de chance que l'enseignant du meilleur lycée de la ville qui à trois heures de l'après midi s'était retrouvé allongé sur le sol, un coupe coupe pointé en direction du coeur pour se voir dépouiller de son argent et objets de valeurs. Ou bien du militaire dans l'obligation de rentrer en slip de la montagne des Français, véritable coupe gorge, sa femme menacée d'un poignard sous la carotide et un pied sur le larynx. Ce qui n'est pas sans lui rappeler ses triples cambriolages qu'il avait subi dont deux pendant son sommeil. Les voleurs emportant au premier un manuscrit d'édition. Désappointé pendant de longues semaines, il rassemblait sa pensé dispersée, songeant que l'argent se remplace parfois, mais la création jamais !

*

Pour Alphonse Mortages c'est tout le contraire, d'autres poches contiennent du quartz à cinquante pour cent de teneur aurifère.

Un jour l'ingénieur du chantier remarqua un début de filon de graphite au pied d'un mamelon, ce minerai étant recherché, il demanda à une équipe d'ouvrir une excavation au pied de celui-ci. Après quatre jours de déblaiement une brouette attire le regard d'un contremaître, tous les blocs brillent du métal jaune, il appelle l'ingénieur qui tombe des nus lui qui cherchait du graphite. Deux jours plus tard la production affiche deux cent kilos d'or.

L'exploitation se poursuit pendant cinq ans et toutes les buttes de la région se trouvent aussi généreuse que la première, le comptage en kilogramme est abandonné, l'unité devient la tonne. La production totale ne peut se faire que par approximation. Mortages devenant plus discret sur le poids exact, mais les ouvriers extraient quotidiennement des blocs de quartz de cinquante kilos constitués pour moitié de métal jaune.

Il rencontre de fait la reine Binao qui détient le titre de gouverneur de province. Femme fort appréciée par la population. Les deux s'assemblent et convolent quelques temps.

Alphonse a fait construire le fameux hôtel des mines, rendez vous de tous les notables de la ville, où il fait désormais de somptueuses réceptions en surplombant la vaste rade. Ministres et ambassadeurs s'y succèdent, le maréchal Joffre est un intime. Il est pour un temps l'homme le plus riche du monde. Ce ne sont pas des chiffres sur un compte en banque ou de la monnaie papier mais de la valeur réelle et pourtant elle va se dissoudre dans le démon du jeu et de paris stupides.

A la fin de sa vie il contemple l'immense baie de sa haute stature, deux fois riche deux fois ruiné songe-t-il. Peu de temps après, il mourra à l'âge de soixante dix huit ans, d'une crise cardiaque à la descente d'un pousse pousse, devant ce qui deviendra la future Alliance Française.

Bernard émet à haute voix une réflexion pour Dino.

- Il avait vraiment les moyens de posséder un bâtiment comme l'hôtel des mines à l'inverse de mes congénères à qui l'on inculque le mirage de l'immobilier, soyez le fromage braves gens nous construirons la souricière fiscale pour un empilage d'exception mondiale, communes, communautés de communes, cantons, agglomérations, la grande ville, conseil général, conseil régional, sénat, trois niveaux seraient suffisants mais nous pouvons toujours rêver ils ne se tireront pas une balle dans le pied

Dino lui, reste dubitatif sur la gloire et la puissance des hommes car personne ne se rappelle plus ce personnage et l'hôtel ne représente plus qu'une carcasse livrée aux alizées, percée de végétations.

*

Ils étaient de retour pour les phases finales du championnat de Rugby malgré l'absence des plus brillants et notamment Phil l'Anglais. En revanche la préparation avait été des plus rigoureuse et de nombreux automatismes peaufinés. Un stage en hauteur à Joffreville s'était réalisé pour gommer les effets de l'altitude à Tananarive. Afin de favoriser la production de globules rouges, l'alimentation à base de légumes secs et de persil riches en fer avaient été privilégiés, le thé et la bière bannis. Des mauls pénétrants furent exercés sur cent mètres, les touches répétées à en vomir, les combinaisons pour percuter le numéro dix adverses rabâchées. Des matchs amicaux où Jep officiait à l'arbitrage pour expliquer à son équipe.

- Je vais vous rouler sciemment. Pendant dix minutes je siffle tout contre vous, puis je vais en exclure un ou deux pour vous faire jouer en infériorité numérique. C'est pour vous entraîner à garder votre calme car à Tana l'arbitre va vous escroquer.

Parvenus dans la capitale une semaine avant pour l'acclimatation, Jep jubilait, les joueurs ne pouvaient plus se soustraire aux entraînements ainsi les arrivés tardives de petits malins qui évitaient les séances d'aérobies se retrouvaient sévèrement réprimandées.

Ensuite survenaient les exercices qui soudaient, les batailles où chaque avant prenait un attaquant sur son dos pour aller affronter le même équipage. Le pont humain confectionné d'une haie de joueurs face à face, les vis-à-vis se prenaient les mains et le dernier se jetait sur le tablier ainsi formé. Ses partenaires d'un mouvement de balancier l'aidaient à progresser. De temps à autres l'équipe se dirigeait au gymnase pour travailler la longueur des passes et effectuer des massages en binôme.

Les joueurs retrouvent le stade Malacam pour affronter la ville d'Antsirabé.

Poussière et tourbillons les accueillent. Comme prévu l'arbitre massacre Diégo de pénalités, quinze en un quart d'heure, il poursuit à se couvrir de ridicule en excluant deux joueurs mais ne peut endiguer la marée. Antsirabé est défait quatre vingt treize à six. Sur la feuille de match il sera porté quatre vingt sept par un dirigeant fédéral pour ménager certains parieurs qui jouent l'écart du score.

Le surlendemain se dresse Majunga sur la route du RCD. Deux canadiens énormes font partis de leur effectif, le plus gros joue au centre, il a la forme des bisons de son pays, ce qui rend Jep soucieux. Dans les vingt premières minutes Diégo vire en tête, enfin Majunga comprend où plutôt leur entraîneur réagit. Ils arment leur catapulte et la boule granitique canadienne fond sur la ligne défensive.

En face cela flotte terriblement « tu le prends, non vas y toi, je n'en ferais rien, mais je vous en prie, bordel pourquoi je joue au Rugby, j'aurais mieux fait de faire ping-pong.

Mais se dessine Popos, il détient un sourire aux lèvres en portant un petit morceau d'herbe sèche dans les cheveux témoin d'un précédent placage, cela lui plaît ce genre de conjoncture. Il se baisse très bas, encore plus bas, l'autre massif n'est pas quelqu'un qui dévira au dernier moment, confiant en son impact de buffle. Popos l'a compris mais a attendu le dernier instant au cas ou, il se baisse encore, enroule sa tête qui frôle le sol, positionne son épaule droite au dessus des chevilles, il s'est bien ajusté, ses bras se lancent, s'étirent, enserrent les mollets, tout son corps se redresse en un violent coup de rein à la seconde où l'autre emporté par son élan et les lois de la gravitation terrestre bascule. Il reste figé en l'air lorsque le poids et la vitesse s'annule puis retombe façon module lunaire dont la Nasa aurait perdu le contrôle. Il ne peut se relever, l'arbitre arrête la rencontre, les soigneurs rentrent, Anthony le capitaine de Diègo vient aux nouvelles, deux de ses coéquipiers le portent sur une jambe vers la sortie, la radio confirmera une fracture de la cheville.

Le match a été plus dur que le premier, Jep à l'heure de jeu fait rentrer les remplaçants contre l'avis d'Eddy.

- Il faut faire tourner, ça évite les blessures et qui paiera le docteur.

Part la suite la fin aperçoit les vestiaires s'avancer vers les combattants avec un score de quarante points à quinze pour le RCD.

Les journées défilent, Diégo remporte ses matchs contre d'autres champions régionaux. Ainsi le jour tant attendu depuis un an arrive enfin, oui la finale est là !

Une petite frustration pour l'ensemble de l'équipe demeure c'est l'absence du champion sortant par sanction administrative. Une histoire de licences parait-il. L'adversaire sera donc Tamatave et aux vues des prestations fournies par cette équipe, tout le monde est confiant du côté de Diégo. Un glaive a été façonné, un commando est né, les joueurs cadres ont réintégré l'équipe, il ne fallait pas tout dévoiler auparavant.

La veille les joueurs se sont assis en groupe, Jep a parlé, des mots simples, vrais, des choses que l'on cache enfouies dans son âme mais qui masquées et refoulées font déjouer. Ce sont la peur, l'angoisse, le tourment de l'erreur devant la foule.

- Ne la craignez pas, harangue leur entraîneur, si les personnes qui vocifèrent étaient de bons joueurs elles seraient à votre place. Il faudra du courage dans l'affrontement. Saïd tu es pilier droit remplaçant tu n'as que vingt ans.

Jep prend la tête entre ses mains et le regarde dans au fin fond de son iris ! Ce poste c'est l'essence même de ce sport et pourtant c'est le joueur que l'on aperçoit le moins, l'environnement cite toujours le dix, le neuf, le quinze etc... Mais sans elle rien n'est possible, d'ailleurs elle se nomme pilier et non pas fenêtre, chevron ou porte, cela doit vouloir dire quelque chose.

- En mêlée. Tu meurs mais tu ne recules pas, tu as compris. Tu meurs mais tu ne recule pas, répète Jep en criant presque.

Il reste encore quelques secondes à le regarder, comme si l'on transmettait un fluide, une force, une volonté. L'œil ne ment pas, Saïd sera présent.

- Vous aurez certainement à affronter des minutes de vérité, parfois seul ultime rempart en défense, le placage manqué, la honte et l'essai derrière. Je sais quand l'adversaire plus grand, plus fort, plus lourd arrive sur vous, le sol tremble, sa masse se fait plus importante ajoutée à la vitesse, le public vocifère, comme il vociférait dans les arènes de la Rome antique, parce que lui est à l'abri et va assister au choc sans rien risquer, sans douleur, sans blessure !

Perversion humaine, voyeurisme voilé d'hypocrisie, la foule commentera « mais enfin il fallait le prendre » si par malheur le défenseur a failli.

Il continu son discours

- Vous aurez l'impression que la vie va s'arrêter, surmontez cette image, plaquez et vous serez délivré, vous recevrez la reconnaissance des regards de vos pairs et chose plus importante vous aurez gagné votre propre considération ! Vous serez des hommes !

Le dimanche une heure avant le coup d'envoi, Malacam est en fête. Vendeurs ambulants d'ananas et de mangues, stand de nourriture, voleurs à la tire, policiers, militaires et public noyés dans la poussière du lieu. La presse déambule devant les officiels pendant que les vestiaires habillent les protagonistes.

Le lieu résonne de crampons sur le ciment, entrecoupé du bruit du sparadrap séparé de sa protection. Les liniments se répandent, les douleurs se réveillent, les muscles s'étirent, l'odeur camphrée prédomine. Les joueurs laissent un peu de leur personne dans les vêtements qu'ils quittent pour revêtir le maillot, instant de franchissement mental de l'individu en une entité commune. Tension palpable qui se sent instinctivement comme une certaine solidité de l'air. Maintenant personne ne peut plus tricher derrière le paravent de l'habit social. L'on est obligé de sauter à l'identique du parachutiste devant la porte de l'avion, honte et mépris au refus, le béret noir retourné sigle de ceux qui abandonnent.

L'entraîneur doit sentir l'ambiance elle n'est pas inscrite dans les manuels de sport. Recadrer, hausser le ton, s'il y a trop de plaisanteries et de rires nerveux, témoins d'une peur masquée. Où à l'inverse rassurer, transmettre de la chaleur, diffuser de l'affectif, dédramatiser mais sans excès, c'est une pâte invisible que l'on malaxe, l'œil doit repérer le gars isolé, le changement d'attitude, parfois une main sur l'épaule suffit. On emmène l'un, repêche l'autre, pour assembler les différents psychiques en un seul caractère, une seule personne, créer un seul homme.

Ce jour Jep est plutôt dans le registre de l'apaisement, de la sérénité, il parle quand tout le monde est prêt, il juge qu'il doit être court et n'évoquera pas de tactique.

Aujourd'hui rien ne change, le terrain est toujours le même, concentrez vous uniquement sur cet espace de jeu, autour rien n'existe. Vous allez gagner parce que vous avez été entraîné pour ça, vous avez couru à midi par quarante deux degrés, vous avez connu la soif, le cœur dans la bouche vous avez exécuté des sprints jusqu'à la nausée. Tout cela c'était pour aujourd'hui. En face ils ne peuvent pas gagner, parce qu'ils sont plus faibles, parce qu'ils n'ont pas autant souffert que vous. Ca va être dur, très dur, surtout au début, vos jambes vont tirer, votre cerveau sera asphyxié, votre tête vous fera mal. Il faudra avoir de la hargne. Ils ont modifié leur équipe et leurs joueurs, triché sur leurs licences pour prendre les meilleurs de la capitale. Vous allez rencontrer une sélection, transformez votre rage de l'arnaque en force explosive. Vous allez gagner parce que celui qui gagne, c'est celui qui ne renonce pas, c'est celui qui va au bout de lui-même.

L'arbitre les appelle, un œil sur la licence l'autre sur les crampons :

- Pas de conique, c'est bon vous pouvez y aller.

Finit le temps ou certains les limaient, aujourd'hui le crampon doit être cylindrique.

Jep salue les officiels puis va se placer dans le coin droit de la tribune. Dans son dos les fauves sont lâchés, masques d'airain sur corps d'ébène. La protection sur les rucks se fait avec les pieds bien hauts côté Tamatave, façon kung-fu, l'arbitre a décidé de ne pas consulter d'ophtalmologiste et malheureusement le match se poursuit ainsi. Les avants de Diégo semblent monter sur un bulldozer tant ils avancent compacts, en revanche derrière leurs adversaires sont beaucoup plus incisifs, seul Gildas rivalise, tête haute, il redresse ses courses pour remonter les ballons. A la suite d'une touche à proximité de la ligne de Tamatave, Diégo enclenche un maul et Gerson va aplatir derrière la ligne. Dino sur le bord de la touche exulte, Kelly kelly excité par les bonds de son maître lui prend les cheveux à pleines mains. En face le score est serré, les autres reviennent en faveur de pénalités, tout le monde se rend coup pour coup. Avant la pause, Tamatave inscrit un essai où l'arrière de Diégo est lourdement fautif. Ayant peur de plaquer, il a fait semblant d'être pris à contre pied et le centre adverse est allé au milieu des poteaux. Jep enrage car il a accordé une faveur au président qui voulait concevoir l'équipe et c'était sur ce joueur là. Rassemblé sur un fond de terrain pendant la pause, Toto un ancien de Diégo intervient.

- Sécateur les gars, sécateur sur les placages. Et de prendre à parti quelques étourdies, allez, écoutés votre coach !

- Jep relaie, bon ne changez rien, ne soyez pas abattu, nous allons passer, ne jouez pas pour vous, jouez pour votre copain, pensez à ça sans arrêt. Aimez vous ! Les troisièmes lignes n'oubliez pas la protection du dix. Je ne veux rien entendre après l'arbitre, c'est pour moi.

Pendant la deuxième parti, Diégo donne l'assaut sur les 22 mètres adverses, lors de chaque velléité de Tamatave ils dressent une herse hermétique. Saïd homérique en première mi-temps vient de voir son vis-à-vis remplacé. Un monstre de 120 kg fait son apparition, heureusement l'entraîneur de Tamatave ne l'a pas fait rentrer sur une mêlé et il va se fatiguer dix minutes avant la prochaine. Elle fini par arriver, par chance l'arbitre n'est pas au courant des subtilités de certains championnats et Jep a indiqué aux deux piliers de pousser en travers, la mêlé forme alors un coin. Ainsi la pression sur les cervicales du talonneur adverse devient insupportable. Saïd avec Méo l'autre pilier de vingt ans aux muscles nitroglycérinés et Popos au centre bras en croix et courage au cœur de l'édifice cathédrale, forment un axe de fer. Ils savent que leur entraîneur adepte de hommes de poids dans la première heure pour faire place au plus léger par la suite, leur laissera leur seconde ligne qui fait office de buffles derrière leurs fesses, encore dix minutes.

Saïd plus vif a devancé son adversaire sur la rentrée en mêlée et d'une torsion de ses puissants reins vers l'intérieur le désaxe. L'autre malgré sa masse ne peut compenser sa mauvaise position de départ et sa force ne trouve point les appuis nécessaires, il ne recule quand même pas, en revanche son talonneur prend une pression terrible que complète Méo, les cartilages craquent. Un instant l'édifice semble suspendu, héritage des templiers, des francs-maçons de l'haspartum des légions romaines et de l'episkyros des phalanges grecques. Puis c'est la double flexion du RCD, travaillée et ressassée à l'entraînement quand il pleut, qu'il fait nuit sans personne pour regarder, point de filles pour acclamer. La poussée est puissante, coordonnée, ne forme qu'une seule échine, qu'un bloc compact, l'ensemble s'aplatit à l'instar d'un animal sauvage puis l'élan emporte son adversaire comme une bête, tel une lame éblouissante de soleil.

C'est pas vrai ! Jep a blêmi positionné à soixante dix mètres de leur ligne d'en but de Diégo, le centre virevoltant de Tamatave vient de crocheter l'ailier du RCD. Il file le long de la touche avec un ballon récupéré sur un coup de pied à la sortie de la fameuse mêlé et s'en va inscrire le deuxième essai. C'est au tour du président de se renfrogner car il ne voulait pas que cet ailier joue. Le match tend vers sa fin, Tamatave mène vingt cinq à vingt. Le courage commence à faire défaut du côté d'Antsiranana, pourtant Méo à la rage, il fait merveille de ses qualités naturelles.

A l'issue d'un arrêt de jeu, Jep intervient auprès des joueurs pour les pousser au bout de leurs limites :

-Révoltez vous, jouez avec vos tripes, plus rien ne compte, la saison se joue sur ses trois dernières minutes.

Le match reprend, Diégo domine toujours malgré l'arbitre leur meilleur défenseur. A la faveur d'un ballon extrait lentement, Gerson est envoyé en percussion sur le demi d'ouverture adverse, bloqué il libère sa balle qui d'une sauté est transmise à Gildas, celui-ci cadre son adversaire pour offrir une merveille de passe à Franck. Celui là c'est un chat, rapide vif instinctif mais personnel, amoureux de son crochet intérieur que la plupart connaisse. A sa droite se trouve Brisnel, un garçon au cœur d'or qui avait passé trois jours à couper l'herbe du stade municipal cinq mois plutôt pour pouvoir faire jouer son équipe contre les marins d'un bateau de guerre venu en permission. Il court plus vite que Franck, métis Malgache et Vezo, sa foulée ne touche pas le sol, pareille au vent que ses ancêtres utilisés sur leurs bateaux, n'accostant que pour dormir le soir le corps enroulé dans une voile. En première mi temps Brisnel redoutable finisseur avait inscrit leur seul essai.

Seulement voilà tout semble perdu, Franck choisit le crochet intérieur, Jep se met les mains sur la tête, dépité, abasourdi.

Pourtant l'incroyable se produit, malgré le déséquilibre infligé par le bras d'un adversaire, Franck se rattrape et va déchirer la ligne défensive pour voir poindre l'en-but qui l'attire tel un aimant irradié de lumière ou il dépose la balle, évitant in-extrémis l'arrière revenu à grandes enjambées. Egalité parfaite ainsi la transformation étant face aux poteaux les deux points semblent acquit.

Stupeur ! Le demi d'ouverture de Tamatave d'un magistral coup de tête éclate le nez de l'arbitre. Cela sent le contrat non respecté, beaucoup de paris sont en jeux. L'équipe de Diégo se replie sans avoir vu la scène, d'instinct Jep cherche Lanto le bagarreur et entame un sprint vigoureux. L'intéressé par l'odeur de la rixe attiré, se dirige tout droit vers l'échauffourée entre militaire, arbitre, joueurs et supporters. Dix mètres avant le conflit, Jep pose la main ou plutôt empoigne l'épaule de Lanto.

- Va dans ton camp, nous avons match gagné !

Effectivement le match est arrêté, la transformation ainsi que la pénalité suite à la faute du dix n'ayant pu être tentées, ajoutées à une moyenne d'âge inférieure la victoire revient à Diégo.

Fêtes et explosion de joie dans un camp et dépit dans l'autre. Point de retenue chez les joueurs du RCD, le sentiment du devoir accompli et les choses remises à leurs justes places du côté de Jep. Il leur parle une dernière fois à la sortie des vestiaires.

- La victoire vous appartient, seule la défaite reste la propriété de l'entraîneur. Amusez vous ! Ce soir plus rien n'a d'importance, faîtes durer ces instants.

Il se sent fier de ces garçons dont la plupart vivent dans des bidonvilles où l'existence n'a pas vraiment été généreuse. Certains demeuraient des hommes de mains faisant parti de milices, d'autres de gangs dangereux, ils côtoient l'étudiant, l'artisan, le fonctionnaire, l'ensemble forme une tour de Babel ou tout est devenu possible avec seulement mille euros de budget, demain ils auront leurs noms dans les journaux pour une chose lumineuse. Jep les regarde s'éloigner dans la tourmente d'une station de bus, Gildas la guitare en bandoulière, Gerson le bras sur les épaules de Dino et Kelly kelly passant de l'un à l'autre, leurs images s'estompent dans la poussière ocre des hautes terres Malgaches. Magie de l'instant qui se grave au fond de l'âme.

EPILOGUE

- Bernard a du rentrer dans son pays empoisonné par une copine qui a récupéré tout ses biens.

- Alex lui aussi a rejoint l'Italie où il exerce un métier de courtage.

- Gerson continue la maçonnerie et a remporté la coupe d'Afrique de Rugby dans l'arène de Mahamass survoltée par une victoire arrachée elle aussi dans les dernières minutes. Consécration pour cette personne hors norme.

- Alphonse Mortages a laissé une ruine nostalgique d'une époque fastueuse de sa ville.

- Jep a quitté l'île à regret et projette d'autres aventures, selon la phrase de Paolo Coelho : *qui a l'habitude de voyager sait qu'il arrive toujours un moment où il faut partir.*

- Ria toujours mariée a obtenu la double nationalité et fait ponctuellement des retours où elle peut exercer son ancien métier au Nouvel hôtel (comme elles font souvent) pendant ses séjours, à l'insu de son mari.

- Marc travaille en Afrique.

- Faboa, toujours bloquée, n'a plus que l'Asie comme issue.

- Dino s'est renforcé et devient un rugbyman très prometteur, fou de joie par l'exploit de Gerson. Il a pu apprendre avant que Bernard ne parte quel était le métier d'Adam Smith chantre du libre-échangisme, de la dérégulation et pourfendeur de frontières ... Commissaire en Douanes payé par l'Etat.

LEXIQUE

Analamanga : Forêt bleue.

Angave : Sorte de bêche au long manche.

Antaisaka : Ethnie du Sud Est de l'île.

Ankarne : Massif de pierres acérées appelées Tsingy.

Arek : Un.

Ariary : Unité monétaire malgache.

Azafady : Pardon.

Azala : Oh là là .

Bé : Gros, important.

Brèdes : Variétés d'épinards.

Djombilaï. : Gigolo ou proxénète.

Eé : Suffixe superlatif.

Embessa : Attends

Embessa arek : Attends un peu.

Fady : Interdit, tabou.

Fanafody : Médicaments. Drogue, philtre d'amour, inhibiteur de volonté ou poison constitués de différents ingrédients assemblés par un sorcier.

Fokolona : Milice villageoise.

Jaby : Tout . L'ensemble.

Joffreville : Station climatique érigée par le célèbre Maréchal afin de rechercher la fraicheur durant l'été.

Lamba : Pièce de tissus.

Lamba Mène : Pièce de tissus rouge , que l'on porte durant les grandes occasions.

Mahamass : Stade principal d'Antanarivo.

Malaklak : Dépécher. Vite.

Mène : Rouge, Vola mène : Or.

Moraingy : Sport de combat libre .

Mafane : Chaud.

Morombé : Ville reculée du Sud Ouest de l'île.

Namoky : Petite rivière du massif de l'Andringrita.

Nançais : Habitant de la Nance.

Nance : Pays imaginaire.

Nosy-Bé : Littéralement grosse île, surnommée l'île au parfum aux vues du nombre important d'ylang ylang qui la couvre.

Ombiasy : Médecin guérisseur.

Paellos : Habitant d'un pays imaginaire.

Ramatoa : Femme.

Romazava : Bouillon accompagné de brèdes.

Ruck : Terme rugbystique signifiant un regroupement au sol.

Sakaï : Confiture de piment extrêmement forte.

Tanguin : Ordalie.

Vahiny : Touriste.

Varatraz : Alizé.

Vazaha : Terme à connotation variablement péjorative désignant le blanc

Vézo : Peuple vivant sur l'eau au Sud Ouest de l'île. Sorte de nomade de la mer dont les filles sont réputées pour être les plus belles de l'île dues à leurs métissages avec les premiers colons français au XVII° siècle.

www.ingramcontent.com/pod-product-compliance
Lightning Source LLC
LaVergne TN
LVHW041025150826
845672LV00001B/212

* 9 7 8 2 9 5 7 0 7 4 2 1 1 *